거장들의 시크릿 01

워렌 버핏

The Secret of Maestros

워렌 버핏

현명한 판단과 치밀한 계획으로
꿈을 향해 나아가라

글 고수유 | 그림 전미영

프롤로그

현명한 판단과 치밀한 계획으로 꿈을 향해 나아가라
워렌 버핏

　워렌 버핏은 세계에서 가장 유명한 기업인이자, 지구 상에서 가장 돈이 많은 사람이에요. 열한 살 때 처음으로 주식을 산 것을 시작으로 남다른 투자법과 기업의 가치를 높이는 경영 철학으로 많은 사람들의 존경을 받고 있지요. 그리고 얼마 전에는 재산의 대부분을 사회에 내놓아 큰 화제가 되기도 했어요. 물려받은 유산보다 자신의 능력으로 성공할 수 있는 사회가 되었으면 한다는 워렌 버핏의 말은 사람들에게 큰 감동을 주었지요.

　워렌 버핏은 평범한 집안에서 태어나 꾸준한 노력으로 지금의 자리에 올랐어요. 어릴 적부터 목표를 세우고 꿈을 이루기 위해 온 힘을 다했지요. 워렌 버핏은 막연하게 '주식이 좋아.'라고만 생각하지 않았어요. '나는 최고의 투자가가 될 거야.'라고 구체적으로 생각했어요. 그리고 자신의 꿈을 이루기 위해서 계획을 세우고 끈기 있게 밀고 나갔지요. 남들이 뭐라고 하든 자신만의 원칙으로 흔들림 없이 행동했어요. 이것은 성공의 밑바탕이 된 것은 물론, 훗날 워렌 버핏이 만든 투자법의 핵심이 되었어요. 또한 워렌 버핏은 눈앞에

있는 이익을 좇기보다 상황을 철저하게 분석하여 현명하게 판단하려고 노력했어요. 이것은 곧 미래를 읽는 일이기도 했지요.

현명한 판단과 치밀한 계획이야말로 워렌 버핏의 가장 큰 성공 비결이라고 할 수 있어요.

어릴 적부터 꿈을 이루기 위해 노력하여 '투자의 살아 있는 전설'이 된 워렌 버핏처럼 여러분도 이 책을 읽으면서 자신만의 성공 비결을 하나씩 하나씩 만들어 가기로 약속해요.

차례

1 증권 회사를 좋아하는 아이 • 8
시크릿 포인트 : 공부를 놀이처럼 즐겨라 • 22

2 성급한 판단을 하다 • 24
시크릿 포인트 : 실패를 두려워하지 마라 • 38

3 아르바이트를 시작하다 • 40
시크릿 포인트 : 무엇이든 꼼꼼하게 살펴라 • 56

4 새로운 목표 • 58
시크릿 포인트 : 목표를 세워라 • 70

5 그레이엄 교수를 만나다 • 72
시크릿 포인트 : 망설이지 말고 질문하라 • 88

6 '가이코'를 찾아가다 • 90
　시크릿 포인트 : 곧바로 실행에 옮겨라 • 106

7 실전에 뛰어들다 • 108
　시크릿 포인트 : 꿈을 위해 도전하라 • 124

8 투자 회사를 만들다 • 126
　시크릿 포인트 : 좋은 동료를 만나라 • 142

9 살아 있는 전설이 되다 • 144
　시크릿 포인트 : 남을 따라 하지 말고 현명한 판단을 하라 • 162

10 돈을 가치 있게 쓰는 법 • 164
　시크릿 포인트 : 사회를 위해 가치 있게 돈을 써라 • 182

1 증권 회사를 좋아하는 아이

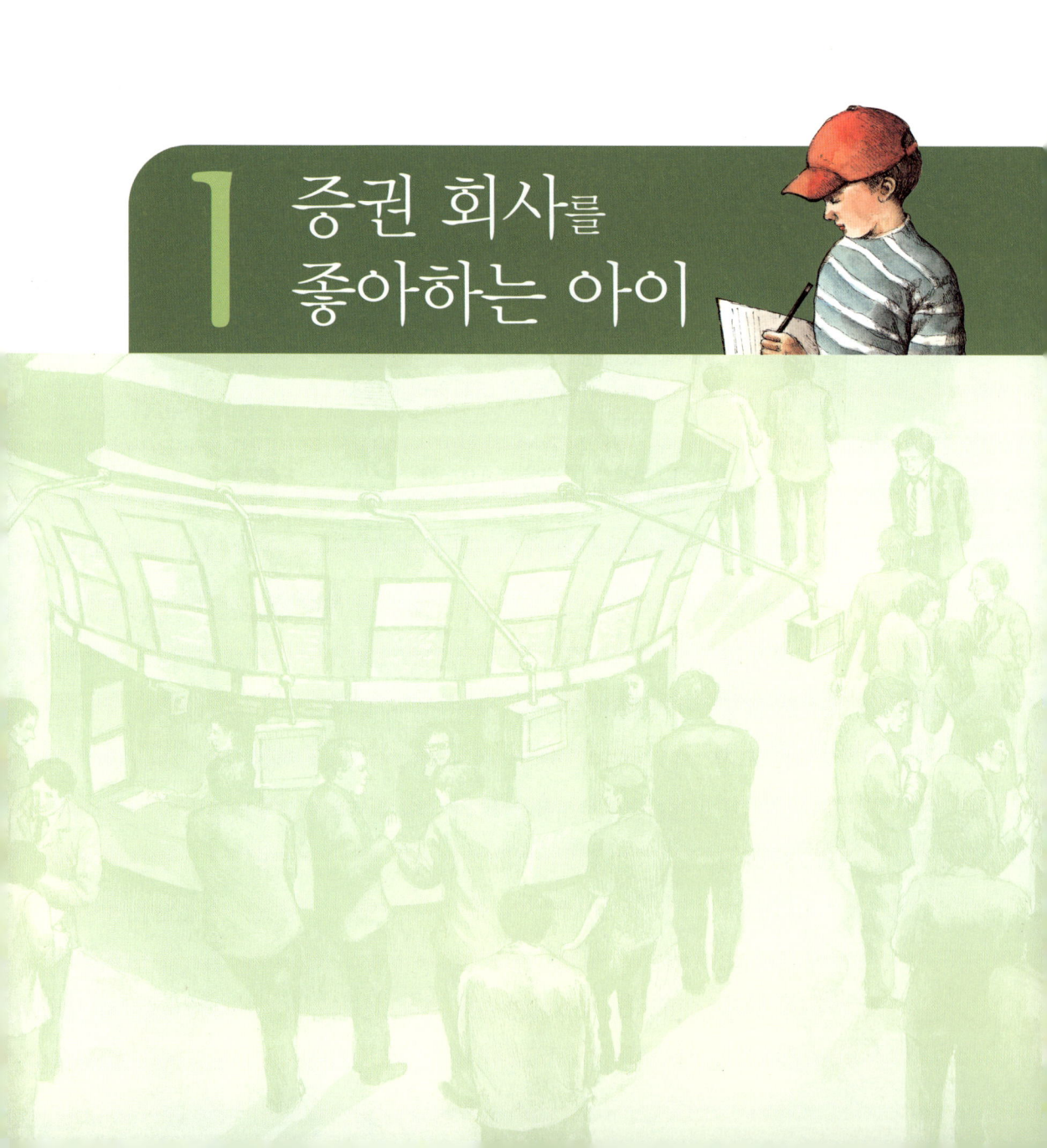

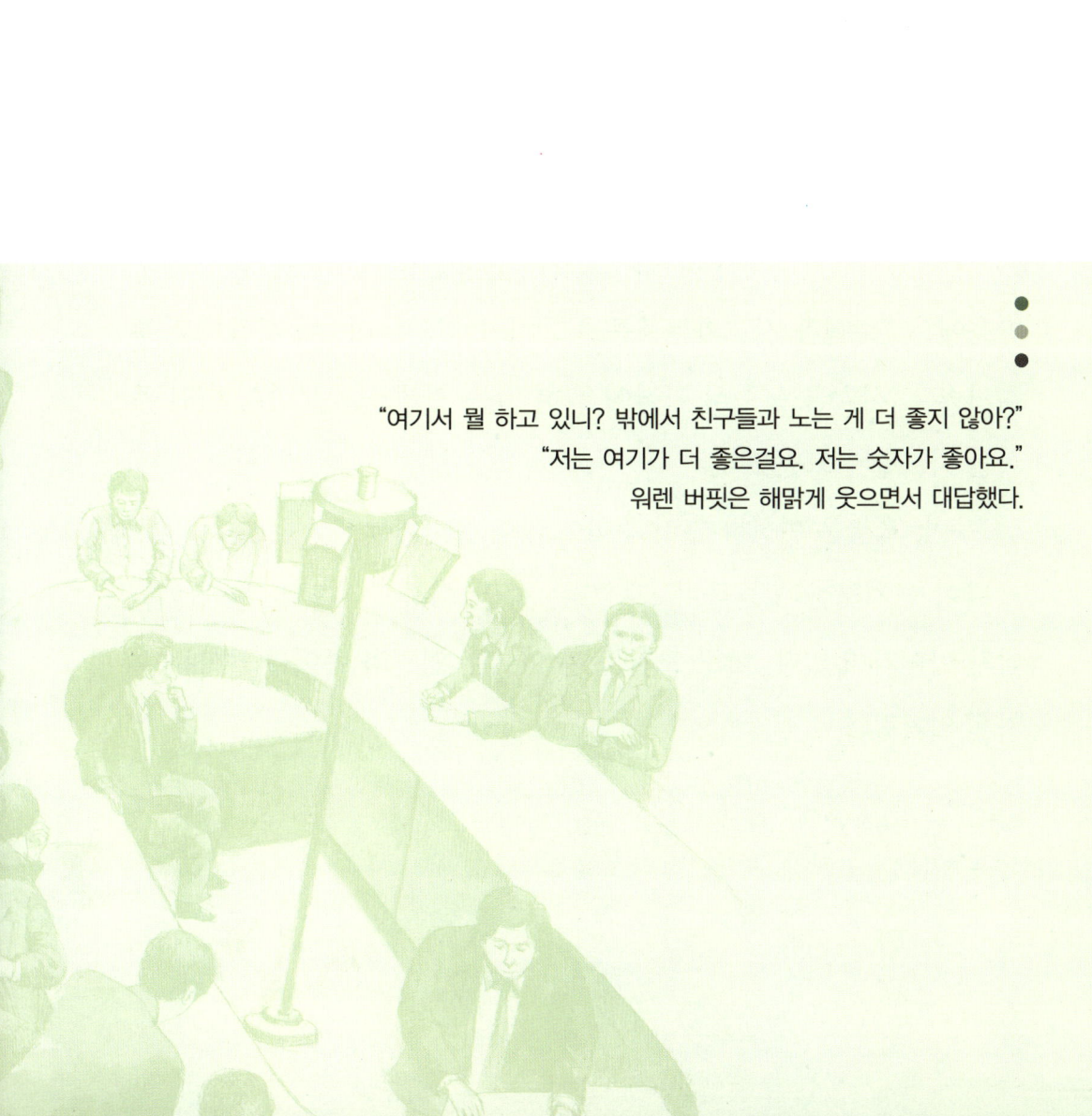

"여기서 뭘 하고 있니? 밖에서 친구들과 노는 게 더 좋지 않아?"
"저는 여기가 더 좋은걸요. 저는 숫자가 좋아요."
워렌 버핏은 해맑게 웃으면서 대답했다.

미국에 오마하라는 작은 마을이 있었다. 마을에는 *주식을 사고파는 *증권 회사가 있었는데, 늘 사람들로 북적거렸다. 사람들은 주식 가격이 적혀 있는 시세표를 보면서 어떤 주식을 사고팔지 고민했다.

"우아, 오늘은 이상하게 저 주식이 많이 올라가네?"

나이가 지긋한 어른들이 드나드는 증권 회사에 유달리 눈에 띄는 남자 아이가 있었다. 야구 모자를 쓴 아이는 연필과 종이를 들고는 혼자 중얼거렸다.

---

* **주식** | 주식회사의 자본을 이루는 단위로 돈으로 사고팔 수 있는 것.
* **증권 회사** | 주식 같은 유가 증권을 사고파는 일을 돕거나 대신 하는 회사.

아이의 모습이 신기했는지 한 남자가 아이의 곁에 다가가 앉았다. 다른 또래 아이들이라면 밖에서 뛰어놀기를 더 좋아할 텐데 아이는 전혀 따분한 표정이 아니었다.

"꼬마야, 이름이 뭐니?"

"저요? 워렌 버핏이에요."

아이는 아무렇지 않은 듯이 대답했다. 남자는 호기심이 생겼다.

"여기서 뭘 하고 있니? 밖에서 친구들과 노는 게 더 좋지 않아?"

"저는 여기가 더 좋은걸요. 저는 숫자가 좋아요."

워렌 버핏은 해맑게 웃으면서 대답했다. 남자는 워렌 버핏이 주식에 대해 얼마나 아는지 궁금했다.

"나는 이곳에 처음 왔는데, 어떤 주식을 사야 좋은지 내게 살짝 알려 주지 않을래?"

"처음 왔다고요? 그럼 제가 알려 드릴게요. 음, 지금 저기 가격이 올라가는 주식은요, 폴 아저씨 이야기를 들어 보니까 수익이 많이 났대요. 하지만 예전보다 너무 많이 올라서 지금은 사 봤자 수익이 별로 없을 거라고 그랬어요."

워렌 버핏은 눈을 반짝이면서 이야기보따리를 풀어놓기 시작했다. 사람들이 지나가는 말로 내뱉은 여러 가지 이야기를 잔뜩 늘어놓았다. 또 숫자가 올라가고 내려가는 것에 따라 언제 주식을 사고파는 것이 좋은지 신이 나서 조잘거렸다. 워렌 버핏이 들려준 이야기는 남자에게 꽤 도움이 되는 정보였다.

"증권 회사 *객장에 있는 게 그렇게 재미있니?"

---

*객장 | 은행이나 증권 회사에서 손님이 일을 볼 수 있도록 마련한 곳.

"네, 세상에서 제일 재미있어요!"

워렌 버핏은 활짝 웃으면서 대답했다.

워렌 버핏은 평범한 가정에서 태어났다. 아버지는 마을의 증권 회사에서 일하는 회사원이었고, 어머니는 집에서 살림을 하는 주부였다.

워렌 버핏은 어려서부터 아버지를 따라 증권 회사 객장을 드나들었다. 증권 회사 객장에서 시세표를 보고 있으면 시간 가는 줄을 몰랐다. 방학이 되면, 워렌 버핏은 날마다 증권 회사 객장에 왔다.

워렌 버핏은 증권 회사 객장에 오면, 시세표가 잘 보이는 맨 앞자리에 앉았다. 그리고 들쑥날쑥 올라가고 내려가는 숫자들을 공책에 열심히 적었다.

눈 깜짝할 사이에 올라갔다 내려갔다 하는 숫자의 움직임에는 일정한 규칙이 있는 듯도 했고 아닌 듯도 했다.

'대체 어떤 식으로 숫자들이 움직이는 것일까? 무엇이 숫자를 움직이게 하는 것일까?'

워렌 버핏은 숫자의 움직임을 열심히 관찰했다. 그때 뒤에서 사람들이 이야기하는 소리가 들려왔다.

"저 회사의 주식은 앞으로도 큰 변화가 없을 거야. 이번에 내놓은 신제품이 잘 팔리지 않을 것 같더라고. 그래도 워낙 큰 회사라 주가가 확 떨어지거나 올라가는 일은 없을 것 같아."

워렌 버핏은 말이 끝나기 무섭게 이야기를 나누던 사람들에게 물어보았다.

"주가라는 게 뭐예요?"

어린 아이의 당돌한 질문에 사람들이 깜짝 놀랐다. 한 사람이 웃으면서 설명을 해 주었다.

"주가라는 것은 주식의 가격이란다. 저기 시세표에서 오르락내리락하는 숫자들은 주가를 나타내고 있단다."

"주가는 왜 오르락내리락하는데요?"

"새로운 물건이 나와서 잘 팔리면 회사가 돈을 많이 벌지? 그럼 그 돈을 주식을 가진 사람에게 나누어 주거든. 그러니까 회사가 돈을 많이 벌면 그만큼 가치가 있는 주식이 되는 거지. 그래서 얼마를 주고서라도 사려는 사람이 생기니까 주가가 올라가게 되는 거란다."

"그럼 비싼 주식을 사는 게 좋은 거예요?"

"아니, 그렇지는 않아. 아무리 비싸게 되팔아도 비싸게 사면 이익이 별로 남지 않지. 그러니까 이익을 남기려면 싸게 사서 비싸게 되팔아야 한단다."

워렌 버핏은 알았다는 듯이 고개를 끄덕였다.

워렌 버핏은 다시 시세표를 쳐다보았다.

처음에는 숫자가 제멋대로 올라갔다 내려갔다 하는 줄로 알았다. 그런데 계속 보다 보니 숫자의 움직임에는 나름대로 규칙이 있다는 사실을 알게 되었다.

'아, 이런 것이 바로 주식이구나. 그냥 평범한 수학 공부보다 훨씬 재미있잖아.'

워렌 버핏은 주식에 더욱 빠져 들었다.

그러던 어느 날이었다. 아버지가 워렌 버핏을 불렀다.

"워렌, 내가 나갔다 오는 사이에 저기 시세표에서 바뀌는 숫자들을 좀 적어 주지 않겠니?"

"알았어요. 저한테 맡기세요."

워렌 버핏은 힘주어 대답을 했다. 그리고 아버지가 자리를 비우자, 시세표를 올려다보면서 열심히 숫자를 적기 시작했다.

숫자들은 정신없이 바뀌었고, 워렌 버핏은 숫자를 놓치지 않기 위해서 집중을 하면서 적었다.

그러다가 워렌 버핏이 고개를 갸우뚱거렸다.

"어, 이거 신기하네?"

워렌 버핏은 한참 동안 적어 나간 숫자들을 비교해 보기 시작했다.

그냥 볼 때는 제멋대로 움직이던 주가들이었지만, 자세히 보니 일정한 규칙이 있었다. 높이 치솟은 주가는 이내 낮아진다는 것이었다.

워렌 버핏은 무릎을 탁 치고는 환하게 웃었다.

"이게 바로 주식의 법칙이야!"

워렌 버핏은 궁금증이 풀려 기뻤다. 아버지가 돌아오자, 워렌 버핏은 자신이 발견한 주식의 법칙을 아버지에게 말했다.

아버지는 워렌 버핏이 대견하다는 생각이 들었다.

'워렌은 숫자를 좋아하는 데다가 그것을 이해하는 힘도 가지고 있어. 워렌이 주식에 흥미를 가지고 있으니까 주식 *투자를 시켜 보는 것도 괜찮을 것 같아.'

그렇게 생각을 한 아버지는 다음 날 아침에 워렌 버핏을 불렀다. 그러고는 돈을 내밀었다.

"네가 증권 회사에 다니기 시작한 지도 벌써 몇 년이나 지났구나. 지금까지는 그저 구경만 했지만, 이제 너도 직접 주식 투자를 해 보지 않겠니?"

아버지는 워렌 버핏에게 그 돈이 어떻게 되든 상관하지 않

---

*투자 | 이익을 얻기 위해서 일이나 사업에 돈을 대거나 주식, 물건 따위를 사는 것.

을 테니 주식을 직접 사 보라고 했다.

"우아! 정말요?"

워렌 버핏은 몹시 기뻤다. 가슴이 쿵쾅쿵쾅 소리를 내며 뛰는 게 느껴졌다. 그동안 워렌 버핏은 주식의 시세표를 보면서 어느 주식을 사고팔아야 할지 생각해 왔다. 그리고 자기의 생각과 다르게 주식을 사거나 파는 사람들을 보면서 아쉬워했다. 워렌 버핏은 늘 직접 주식 투자를 하고 싶었다.

아버지에게 돈을 받은 워렌 버핏은 곧바로 주식을 사러 가지는 않았다. 그 대신 숫자판 앞에 앉았다. 시세표를 보면서 이제까지 적었던 주가의 변화를 집중적으로 살펴보았다. 워렌의 얼굴에는 긴장감과 진지함이 흘렀다.

한참을 고민하던 워렌 버핏은 벌떡 일어나더니 당당하게 직원에게 다가갔다. 그리고 까치발로 서서 테이블에 팔을 대고는 돈을 냈다.

"이 돈으로 한 회사의 주식만 살 거니?"

"그럼요. 얼른 주세요. 제가 깜짝 놀라게 해 드릴 테니까요."

워렌 버핏은 자신만만하게 웃으면서 대답했다.

이것이 워렌 버핏이 자신의 이름으로, 그리고 자신의 판단으로 한 최초의 주식 투자였다.

이때 워렌 버핏의 나이는 열한 살이었다.

비록 큰돈을 벌지는 못했지만, 워렌 버핏은 주식에 푹 빠져 들기 시작했다. 워렌 버핏은 전문 기관을 통해 주식을 배운 것이 아니었다. 증권 회사 객장의 시세표를 보고 나름대로 주식의 법칙을 터득했고, 사람들이 투자하는 것을 어깨너머로 지켜보면서 주식 투자를 배웠다.

그런 워렌 버핏을 보면서 아버지가 말했다.

"학교 수업도 중요하지만, 네가 좋아하는 것을 스스로 배울 수 있는 것도 좋을 거야. 사람에게는 저마다 재능이 있기 마련이니까 너도 너의 재능을 살려 나가면 앞으로 큰사람이 될 수 있어."

아버지는 워렌 버핏에게 변하는 주가를 적어 달라고 부탁하기도 했고, 괜찮은 주식이 있는지 묻기도 했다.

그러던 어느 날이었다. 한 남자가 주가가 떨어졌다고 울상을 지으며 막 주식을 팔려고 할 때였다.

"아저씨, 그 주식 금방 다시 오를 거예요. 팔지 않는 편이 좋아요."

워렌 버핏은 자신만만하게 설명을 덧붙였다.

"지금 그 회사의 사장님이 바뀐다는 소문이 있거든요. 새로 바뀌는 사장님이 굉장히 실력이 있는 사람이래요. 그러니까 사장님이 바뀌면 주가가 다시 오를 거예요."

워렌 버핏이 씩 웃으면서 말했다. 남자는 미심쩍어 하는 표정을 지었다. 하지만 너무나 당당한 워렌 버핏의 태도에 그만 주식을 팔려던 생각을 접어 버렸다.

그런데 놀라운 일이 벌어졌다. 과연 워렌 버핏이 말한 대로 그 주식은 새로운 사장이 자리에 앉은 지 두 주 정도가 지난 뒤부터 오르기 시작했다. 남자는 아주 기뻐하면서 워렌 버핏에게 물었다.

"네 덕분에 손해를 보지 않게 되었어. 정말 고맙구나. 대체 어디서 그런 이야기를 들은 거니?"

워렌 버핏은 그럴 줄 알았다는 듯이 웃으면서 대답했다.

"여기에 있다 보면 여러 가지 이야기를 들을 수 있어요. 그중에는 허풍인 이야기도 있지만, 그렇지 않은 이야기가 더 많거든요."

워렌 버핏의 말에 남자는 고개를 끄덕일 수밖에 없었다.

워렌 버핏은 날마다 증권 회사에 나가서 여러 가지 이야기를 듣고 정보를 얻었다. 워렌 버핏에게 주식은 공부가 아니라 즐겁게 시간을 보낼 수 있는 놀이 같았다. 만약 공부를 하듯이 주식의 법칙을 외우려고 했다면 금방 싫증을 냈을 것이다. 하지만 워렌 버핏은 증권 회사에서 보내는 시간이 너무나 즐거웠다.

남자를 도와준 일이 알려지면서 워렌 버핏은 증권 회사에서 유명해졌다. 예전에는 자기들끼리 이야기를 나누거나 아예 워렌 버핏을 무시했던 사람들도 워렌 버핏에게 먼저 말을 걸어 오기 시작했다.

"나는 이 주식을 사려고 하는데, 네 생각은 어떠니? 이 주식을 사도 괜찮을까?"

워렌 버핏은 사람들의 질문에 늘 웃으면서 대답을 해 주었다. 그리고 사람들은 워렌 버핏이 예상한 대로 큰 손해를 보지 않고 주식을 사고팔 수 있었다. 작은 마을의 증권 회사 객장이 꼬마 주식 투자가를 만나려는 사람들로 붐볐다.

시크릿 포인트 Secret Point 1

공부를 놀이처럼 즐겨라

친구들과 시간 가는 줄도 모르고 재미있게 놀아 본 적이 있나요? 좋아하는 게임을 하느라 밥 먹는 것도 깜빡 잊어버린 적은요? 아마 한 번쯤은 있을 거예요. 그렇다면 공부하는 시간은 어떤가요? 친구들은 대부분 놀 때는 시간이 빨리 가지만 공부할 때는 천천히 간다고 이야기해요. 왜 그럴까요? 놀이는 즐겁지만 공부는 지루하다고 여기기 때문이에요. 공부가 지루한 이유는 별로 하고 싶지 않기 때문이고요. 그럼 공부는 왜 하기 싫은 것일까요?

 워렌 버핏은 자신이 좋아하는 주식에 관해 더 많이 알고 싶어서 혼자 공부를 시작했어요. 어른들이 보는 어려운 책도 읽고, 신문이나 잡지도 꼼꼼하게 살펴보았지요. 날마다 증권 회사에 나가서 자기만의 방식으로 시세표를 연구하는 것도 빼놓지 않았어요. 만약 다른 사람이 시킨 일이었다면 아무리 워렌 버핏이라도 정말 골치 아프고 하기 싫었을 거예요. 하지만 스스로 공부하겠다고 마음먹은 워렌 버핏은 친구들과 노는 것보다 주식에 관련된 책을 읽고 공부하는 것이 더 즐거웠어요. 재미있게 공부를 하니 더 잘 하게 된 것은 물론이고요.

 여러분도 마찬가지예요. '하기 싫어.', '재미없어.'라고 생각하면서 억지로 책상에 앉기 전에, 좋아하는 것이나 관심이 가는 것을 먼저 찾아보아요. 그 다음은 워렌 버핏처럼 파고드는 거예요. 자기가 좋아하는 것을 더 잘 하고 싶다고 마음먹은 순간, 공부는 세상에서 가장 재미있는 놀이가 될 수 있으니까요.

2 성급한 판단을 하다

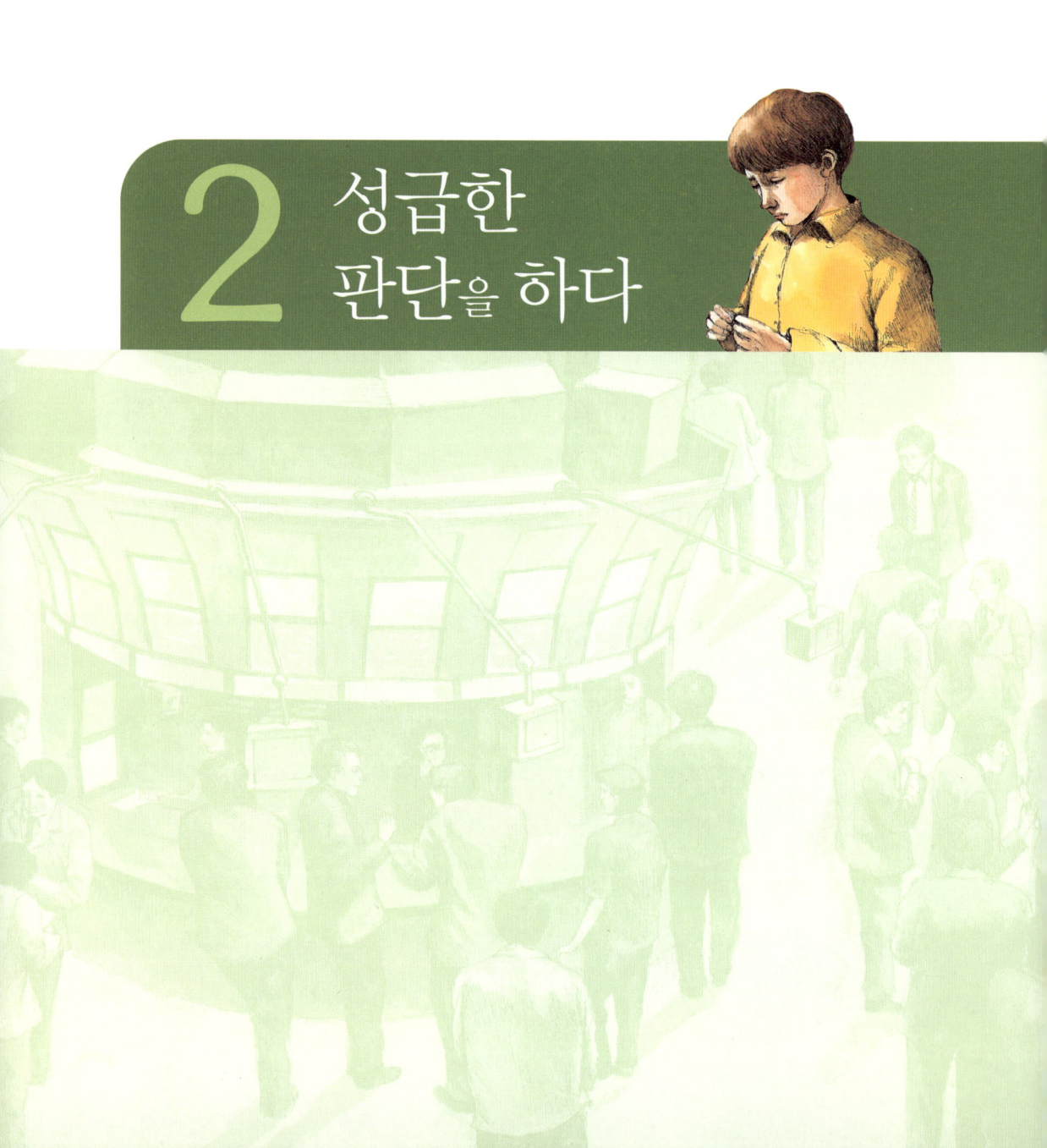

"워렌, 너는 어떤 기준으로 주식을 사고파니?"
아버지의 말에 워렌 버핏은 선뜻 대답을 할 수가 없었다.
그런 것은 한 번도 진지하게 생각해 본 적이 없었기 때문이었다.

"안녕하세요!"

점심 무렵이 되면 워렌 버핏은 어김없이 증권 회사에 나타났다.

"어서 오렴, 워렌. 오늘은 조금 늦었구나?"

증권 회사에 모인 어른들은 반갑게 워렌 버핏을 맞아 주었다.

"자, 여기 앉으려무나."

"고맙습니다. 아저씨."

어른들보다 키가 작은 워렌 버핏을 위해서 자리를 양보해 주는 사람도 있었다.

어른들과 인사를 나눈 워렌 버핏은 거리낌 없이 의자에 앉아서 진지한 얼굴로 시세표의 숫자가 바뀌는 것을 지켜보았다.

워렌 버핏이 아버지가 일하는 증권 회사에 다니기 시작한 지도 벌써 몇 년이 지났다. 코흘리개 어린아이였던 워렌 버핏도 제법 의젓해진 티가 났다.

"워렌이 있으니까 이 증권 회사에 올 맛이 난다니까."

"이제는 워렌이 여기 간판이지."

워렌 버핏은 사람들의 칭찬에 우쭐했다. 적어도 이 증권 회사에서는 워렌 버핏보다 주식에 대해서 잘 아는 사람이 없었다.

워렌 버핏은 누나와 함께 산 주식이 있었다. '시티스 서비스'라는 회사의 주식으로 누나와 둘이서 세 *주씩 산 것이었다. 한 주에 삼십칠 달러씩으로 어린 워렌 버핏이나 누나에게는 아주 큰돈이었다.

그런데 '시티스 서비스'의 주식이 얼마 지나지 않아 삼십육 달러로 떨어지고 말았다. 워렌 버핏은 크게 실망했다. 누나와 둘이서 가지고 있던 주식이 모두 여섯 주니까 무려 육 달러나 손해를 보고 만 것이다.

"그런 것은 신경 쓸 일이 못 돼. 주가는 오르다가도 내리고, 내리다가도 오르는 것이 아니겠니?"

아버지는 워렌 버핏을 달랬다. 하지만 워렌 버핏은 큰맘 먹고 산 주

---

* **주** | 주식을 세는 단위.

식인 만큼 쉽게 미련을 버릴 수 없었다.

그러던 어느 날이었다.

"들었니? 워렌. 네가 가지고 있는 '시티스 서비스' 주식 말이다. 오늘 사십 달러까지 올랐단다. 뚝뚝 떨어지더니, 금방 올라 버린 거야. 굉장하지 않니?"

증권 회사 객장을 찾은 워렌 버핏에게 사람들이 신이 나서 이야기를 해 주었다. 순간 워렌 버핏은 눈이 확 뜨였다.

'삼 달러씩이나 올랐구나! 내가 산 가격에서 무려 삼 달러씩이나 올랐어!'

워렌 버핏은 뛸 듯이 기뻤다. 그래서 얼른 누나와 둘이서 가지고 있던 주식을 팔기로 했다.

"왜 주식을 팔려고 하는 거지?"

아버지가 물었다. 워렌 버핏은 자신만만하게 말했다.

"주가가 올랐잖아요. 가지고 있다가 가격이 떨어지면 안 되니까 팔려고요."

"조금 더 지나면 주가가 더 오를 수도 있지 않니?"

"하지만 다시 떨어질지도 모르는걸요. 그런 건 불안해서 싫어요."

워렌 버핏이 대답했다. 아버지는 한숨을 쉬면서 물었다.

"워렌, 너는 어떤 기준으로 주식을 사고파니?"

워렌 버핏은 선뜻 대답을 할 수가 없었다. 그런 것은 한 번도 진지하게 생각해 본 적이 없었기 때문이었다.

"너는 숫자의 움직임으로만 주식을 바라보고 있는 것 같구나. 주식에는 알아야 할 것이 아주 많아."

워렌 버핏은 아버지한테 꼭 꾸지람을 듣는 것만 같았다. 잠시 후 워렌 버핏은 손가락을 만지작거리며 기어드는 목소리로 말했다.

"하지만 모두들 그렇게 하잖아요."

"모두가 그렇게 한다는 것은 핑계밖에 되지 않는단다. 나는 네 스스로 주식에 대해 여러 가지 지식을 더 많이 알아 갔으면 좋겠구나."

아버지는 더 이상 아무 말도 하지 않았다.

워렌 버핏은 아버지의 말이 마음에 걸렸지만, 곧장 가지고 있던 주식을 사십 달러씩에 팔아 버렸다. 처음 주식을 산 가격보다 삼 달러씩 이익을 얻었다. 그래서 누나와 둘이서 총 십팔 달러의 이익을 손에 넣을 수 있었다. 워렌 버핏은 안도의 한숨을 쉬었다.

그런데 당황스러운 일이 벌어졌다. 워렌 버핏이 주식을 팔고 나서도 '시티스 서비스'의 주가는 계속 올라가는 게 아닌가! 한번 오르기 시작한 주가는 떨어질 생각을 하지 않고, 결국 이백 달러까지 올라가 버렸다.

"정말 아깝구나, 워렌."

"조금만 더 있다가 팔았으면 좋았을걸 그랬어."

사람들은 모두 워렌 버핏의 성급한 판단을 아쉬워했다.

'어떻게 이럴 수가 있지? 조금만 더 가지고 있었으면 몇 배나 더 이익을 얻을 수 있었는데.'

워렌 버핏은 어깨에 힘이 쭉 빠지는 것만 같았다. 손해를 본 것은 아니었지만 더 많은 돈을 받을 수 있는 주식을 너무 성급하게 팔아 버린 것이 너무나 아까웠다. 하지만 후회를 해도 소용없는 일이었다. 이미 판 주식을 되돌릴 수 없다는 것은 워렌 버핏도 잘 알고 있었다.

증권 회사가 문을 닫고 사람들이 집으로 돌아갔다. 하지만 워렌 버핏은 멍하게 앉아서 그 자리를 떠나지 못하고 있었다.

아버지는 일을 정리한 다음 워렌 버핏에게 다가왔다.

"워렌, 이제 내 말뜻을 알겠니?"

워렌 버핏은 고개를 푹 숙였다. 아버지의 얼굴을 볼 자신이 없었기 때문이었다.

"네가 성급하게 판단한 것을 알았다면 그것으로 됐다. 두 번 다시 같은 실수를 하지 않으면 돼. 사람은 늘 자기가 한 행동에서 잘한 점과 못한 점을 돌이켜 봐야 해. 그리고 잘한 점은 계속 살려 나가고, 못한 점은 반성을 해야지. 아빠는 너도 그런 사람이 되었으면 좋겠구나."

아버지는 부드럽게 워렌 버핏의 어깨를 토닥여 주며 말했다.

"나는 이번 일이 더 나은 결과를 위한 과정이라고 생각한단다. 그러

니 너무 속상해할 필요가 없단다. 하지만 기억은 하고 있으렴. 이것이 네게 큰 교훈이 될 테니까 말이야."

아버지는 이야기를 멈추고, 워렌 버핏에게 자상한 미소를 보였다.

"네, 아빠. 다음번에는 같은 실수를 하지 않을 거예요."

워렌 버핏은 고개를 끄덕이며 다짐을 했다.

그날 이후 워렌 버핏과 아버지는 더 이상 '시티스 서비스'의 주식에 대해 아무 말도 하지 않았다.

하지만 워렌 버핏은 주식이 그저 숫자의 움직임만이 아니라는 것을 깨달았다. 이제까지 단순하게만 생각했던 주식이 사실은 훨씬 어렵고 복잡하다는 것이 느껴졌다.

'점점 더 재미가 있어지는걸. 조금 더 자세하게 배워 보고 싶어.'

워렌 버핏은 씩 웃으면서 그렇게 생각했다.

그 후 워렌 버핏은 좀 더 많은 것에 대해서 공부를 하기 시작했다. 어려웠지만 더듬더듬하며 경영 잡지를 읽고, 회사에 대한 소개 자료를 눈여겨보아 두기도 했다.

그리고 세상에는 어떤 일들이 있는지, 어떤 회사들이 무슨 일을 하는지에 대해서도 차근차근 공부를 하기 시작했다.

그것은 어렵고 힘든 일이었지만, 한번 흥미를 느낀 워렌 버핏에게는 놀이나 다름없었다.

아버지는 워렌 버핏에게 공부에 도움이 되는 많은 잡지를 구해서 보여 주었다. 또, 워렌 버핏이 하는 질문에 정확한 대답을 주기 위해서 책을 읽고 뉴스를 보았다. 그리고 뉴스에 나온 이야기를 워렌 버핏에게 옛날이야기를 하듯이 재미있게 들려주었다.

그래서 워렌 버핏은 아버지의 도움으로 자기도 모르는 사이에 경제에 대한 많은 지식을 얻을 수 있었다.

그리고 더 넓은 세상에서 좀 더 깊게 경제에 관한 공부를 하고 싶다고 마음먹었다.

워렌 버핏이 열다섯 살이 되던 해, 아버지가 국회의원으로 당선되었다. 그래서 워싱턴으로 이사를 하게 되었는데, 그 생각이 더욱 간절해졌다.

워렌 버핏은 워싱턴에 있는 한 고등학교를 다니고 있었다. 그런데 학교 분위기는 시골 학교와 많이 달랐다. 그곳의 친구들은 다들 목표를 정해 놓고 열심히 공부를 했고, 또 친구들끼리 종종 열띤 토론을 벌이기도 했다.

주식에 대해 공부하기를 좋아했던 워렌 버핏은 그런 고등학교의 분위기에 쉽게 익숙해질 수 있었다.

"너, 버핏 의원의 아들이라면서?"

하루는 한 아이가 워렌 버핏에게 말을 걸어왔다. 학교에서도 공부를 잘하기로 유명한 데일리라는 학생이었다.

워렌 버핏은 어색한 듯 뻣뻣하게 인사를 했다.

"그렇게 굳어 있을 거 없어. 나도 너랑 똑같이 이 학교에 다니는 학생이잖아. 그런데 너, 경제학 책을 많이 읽는 걸 보니 경제 분야에 관심이 많은가 봐?"

데일리의 질문에 워렌 버핏은 머뭇거리면서 고개를 끄덕였다. 그러자 데일리가 환하게 웃으며 말했다.

"나도 경제 분야에 관심이 많은데, 다른 친구들이랑은 이야기가 잘 통하지 않아서 말이야. 괜찮으면 우리 친구 하지 않을래?"

워렌 버핏은 화들짝 놀라서 눈이 동그래졌다. 설마 데일리에게 이런 이야기를 들을 줄은 몰랐기 때문이었다. 하지만 워렌 버핏은 얼른 기분 좋은 얼굴을 하고는 고개를 끄덕였다.

"좋아. 안 그래도 나 혼자서 책을 읽는 게 너무 지루했거든."

워렌 버핏의 말이 끝나자마자, 데일리는 워렌 버핏 옆에 앉아서 함께 책을 읽으며 이야기를 나누기 시작했다.

데일리는 워렌 버핏보다 훨씬 생각이 깊었다. 또한 언제나 얌전하고 차분했으며 토론을 할 때는 조리 있게 말을 했다. 그래서 또래보다 어른스러워 보였다.

다른 학생들은 데일리에게 쉽게 접근을 하지 못했지만 워렌 버핏은 달랐다. 워렌 버핏은 늘 데일리와 함께 다니면서 많은 것을 배울 수 있었다.

데일리는 워렌 버핏에게 깊게 생각하고 결정을 내리는 법을 가르쳐 주었다. 워렌 버핏은 점점 데일리를 닮아 갔다.

"데일리는 괜찮은 아이더구나. 좋은 맞수가 되었으면 좋겠구나."

워렌 버핏이 신이 나서 아버지에게 데일리에 대해서 이야기를 하자, 아버지가 워렌 버핏에게 말했다.

"네. 데일리랑은 좋은 맞수가 될 수 있을 것 같아요."

워렌 버핏은 기분 좋게 대답했다.

워렌 버핏은 데일리와 함께 다니면서 성적이 올랐다. 하지만 아무리 노력을 해도 공부로 데일리를 이길 수는 없었다.

시크릿 포인트 2
Secret Point

실패를 두려워하지 마라

살다 보면 일이 뜻대로 되지 않을 때가 많이 있어요. 열심히 공부했는데도 성적이 생각만큼 오르지 않는다거나, 자전거를 잘 타고 싶은데 자꾸 넘어질 때처럼 말이에요. 일주일 동안 준비한 과학 실험이 엉망진창으로 끝나 버릴 때도 있지요. 여러분은 그럴 때 어떻게 하나요? 툭툭 털고 일어나 다시 한 번 시작하나요? 아니면 '열심히 했는데 이것밖에 안 되다니…….' 하고 잔뜩 풀이 죽어 있나요?

워렌 버핏은 '시티스 서비스' 주식을 팔면서 처음으로 실패를 겪었어요. 주가가 떨어지자 손해를 볼까 봐 걱정하다가, 다시 주가가 올라가기 시작했을 때 성급하게 팔아 버렸기 때문이에요. 다행히 손해는 보지 않았지만 좀 더 지켜보았으면 훨씬 돈을 많이 받고 팔 수 있었으니까요. 어릴 때부터 증권 회사 객장에서 사람들의 주목을 받으며 우쭐해하던 워렌 버핏에게 '시티스 서비스' 주식 일은 큰 실망감을 주었어요. 하지만 워렌 버핏은 오랫동안 풀 죽어 있지 않았어요. 오히려 첫 번째 실패를 본보기로 삼아 다시는 이런 일이 없도록 하겠다며 더 열심히 주식 공부를 했어요. 만약 워렌 버핏이 '시티스 서비스' 주식 일 때문에 자신감을 잃고 다시는 주식을 사지 않았다면, 지금 같은 투자가가 될 수 없었을 거예요.

여러분도 실패하는 것을 겁내거나 두려워하지 마요. 이긴 시합보다는 진 시합에서, 맞은 문제보다는 틀린 문제에서 배울 것이 더 많다는 것도 잊지 말고요.

3 아르바이트를 시작하다

"그럼 회사 이름을 하나 만드는 게 어때?"
워렌 버핏은 데일리의 말을 듣고, 무릎을 치면서 기뻐했다.
비록 이름뿐인 회사였지만, 왠지 회사 이름이 있으면
사람들이 믿어 줄 것 같은 생각이 들었다.

"아, 이제부터 뭘 하지?"

워렌 버핏이 따분한 목소리로 중얼거렸다.

워렌 버핏은 처음 워싱턴에 발을 들여놓았을 때 무엇을 해야 좋을지 몰랐다. 여전히 주식에 관심이 많았지만, 오마하에서 지냈을 때처럼 증권 회사 객장을 찾아다닐 수도 없었다. 아버지가 더 이상 증권 회사에서 일을 하지 않기 때문이었다. 워렌 버핏은 그저 집과 학교만 오가는 하루하루가 따분하기만 했다.

"그러면 몸을 움직이는 일을 해 보지 그러니? 이제 너도 *아르바이

---

* **아르바이트** | 본래 하는 일이 아닌, 임시로 하는 일.

트를 할 수 있는 나이니까 가벼운 운동 같은 아르바이트를 하면 어떻겠니?"

뭘 해야 좋을지 몰라서 동네를 서성거리는 워렌 버핏에게 아버지가 귀띔을 했다. 워렌 버핏은 아버지의 말을 따르는 게 좋겠다고 생각했다.

워렌 버핏은 「워싱턴 포스트」 신문 배달을 시작했다. 신문 배달은 몸도 피곤하고, 돈도 많이 받지 못하는 일이었다. 하지만 워렌 버핏은 하루도 빼먹지 않고 부지런히 신문을 배달했다.

어느 날 아침이었다.

"어이, 이봐. 우리 집에 신문을 넣지 말라고 했잖아!"

우편함에 신문을 넣고 있는데, 잠에서 덜 깬 남자가 화를 내면서 걸어 나왔다. 그런 일은 처음이었기 때문에 워렌 버핏은 어쩔 줄 몰라 했다.

"전에 이 댁에 신문을 넣으라고 해서……."

워렌 버핏이 기어드는 목소리로 중얼거리자, 남자는 호통을 쳤다.

"우리는 이제 이 신문은 더 이상 필요가 없단 말이야."

신문이 필요 없다는 말을 듣자, 워렌 버핏은 갑자기 궁금해졌다. 그래서 화가 난 남자에게 용기를 내어 물어보았다.

"왜 그렇게 생각하시죠?"

"볼 게 없어. 재미가 없단 말이지. 날마다 똑같은 기사에다 똑같은 이야기지."

남자가 투덜거렸다. 그 순간 워렌 버핏의 머릿속에 뭔가 스치고 지나갔다. 워렌 버핏은 눈을 반짝이면서 남자에게 다시 물었다.

"그럼 「워싱턴 포스트」 신문에 질린 거네요?"

"말하자면 그런 거지. 그러니까 더 이상 우리 집에 신문을 넣지 않아도 돼."

"그럼, 다른 신문을 보지 않으실래요?"

남자는 조금 놀란 듯한 표정을 지었다. 「워싱턴 포스트」 신문을 배달하는 사람이 경쟁 회사의 다른 신문을 보라고 말을 하리라고는 생각도 하지 못했기 때문이었다.

남자는 워렌 버핏을 뚫어지게 쳐다보았다. 비록 나이는 어린 학생이지만, 당돌하고 당차다는 생각이 들었다. 남자는 이내 큰 소리로 웃었다.

"그래, 어떤 신문이 있는데?"

"「워싱턴 헤럴드」 신문이요. 어차피 신문은 보실 거잖아요. 「워싱턴 헤럴드」 신문으로 한번 바꿔 보세요. 그럼 *독자는 다른 신문을 보는 거니까 좋고, 저는 새 고객을 데려오는 거니까 작은 용돈 정도는 얻을 수 있거든요."

남자는 허허 웃으면서 알았다고 대답했다.

"그래, 어차피 할 거 네게 도움이나 되어 보자꾸나."

"정말이죠?"

워렌 버핏은 크게 기뻐하면서 인사를 하고는 신문을 배달하러 다음 집으로 달려갔다.

신문 배달이 끝나고 워렌 버핏은 「워싱턴 헤럴드」 신문을 배급하는 사무소에 가서 손님을 데리고 올 때마다 소개비로 얼마를 주는지를 슬며시 물어보았다.

"한 사람당 오 달러를 주마. 그런데 신문을 볼 만한 사람은 있는 거니?"

"그럼요. 맡겨만 주세요."

워렌 버핏은 곧 그 남자의 주소를 알려 주고는 돈을 받았다.

---

* **독자** | 책, 신문, 잡지 따위의 글을 읽는 사람.

'이거 의외로 괜찮은데. 배달을 하다가 신문을 그만 보겠다는 사람이 있으면 「워싱턴 헤럴드」 신문을 소개하면 되겠네. 그러면 나는 좀 더 많은 용돈을 벌 수 있을 거야.'

그 후 워렌 버핏은 「워싱턴 포스트」 신문을 그만 보겠다고 말하는 사람에게 「워싱턴 헤럴드」 신문을 권하곤 했다. 이렇게 해서 워렌 버핏은 다른 아르바이트생보다 훨씬 더 많은 돈을 벌 수 있었다.

그러던 어느 날, 워렌 버핏은 데일리와 함께 새로운 아르바이트 거리를 찾아냈다.

"그러고 보니 요즘 우리 동네에 *핀볼 게임이 유행을 하더라. 여기저기서 핀볼 게임 기계를 들여놓으려고 하고 있더라고."

"핀볼 게임 기계? 다른 데서는 오히려 핀볼 게임 기계를 정리하지 않니? 여기는 다른 곳보다 의외로 유행이 느린가 보구나."

워렌 버핏이 의외인 듯 말하자, 데일리가 눈빛을 반짝였다.

"그래서 말인데, 우리 그 일을 해 볼래?"

"일?"

"그래, 일. 다른 동네에서 중고 기계를 사서 우리 동네에 필요한 가

---

* **핀볼 게임** | 스프링으로 구슬을 튕겨서 장애물을 통과하며 점수를 내는 게임.

게에 설치하는 거야. 중고 기계는 싸게 사서 새것처럼 비싸게 되팔 수 있거든. 사람들은 새것을 사는 것보다는 싸게 살 수 있고, 우리는 돈을 벌 수 있으니까 이득인 셈이지. 어때?"

"그거 괜찮은 생각이다."

워렌 버핏은 흔쾌히 승낙했다.

워렌 버핏과 데일리는 어떻게 하면 장사를 제대로 할 수 있을지 곰곰이 생각했다. 아직 고등학생인 두 사람에게 쉽게 일을 주거나 기계를 살 사람은 아무도 없을 것 같았다. 그래서 어떻게 하면 사람들이 자신들을 믿고 기계를 사 줄지 궁리했다.

"그럼 회사 이름을 하나 만드는 게 어때?"

워렌 버핏은 데일리의 말을 듣고, 무릎을 치면서 기뻐했다. 비록 이름뿐인 회사였지만, 왠지 회사 이름이 있으면 사람들이 더 믿어 줄 것 같은 생각이 들었다.

"그래, 그렇게 하는 게 좋겠어. 역시 데일리는 머리가 좋아!"

"좋았어. 내가 몇 개 생각해 둔 이름들이 있어."

두 사람은 곧 '윌슨 동전 기계 주식회사'라는 그럴듯한 이름을 내걸고 그곳에서 아르바이트를 하고 있다면서 영업을 시작했다.

두 사람은 마을에서 믿을 수 있는 학생들로 인정을 받고 있었기 때문에 쉽게 가게 사람들에게 핀볼 게임 기계를 팔 수 있었다.

　핀볼 게임 기계는 꽤 오랫 동안 인기를 끌었다. 워렌 버핏과 데일리는 다른 곳에서 핀볼 게임 기계를 싸게 사서 돈을 조금 얹어 받고 설치해 주는 일을 되풀이했다.

　그러자 신문 배달을 해서 버는 것에 몇 배는 더 돈을 벌 수 있었다. 두 사람은 자신들의 힘으로 돈을 벌었다는 게 무척 기뻤다.

　'이렇게 돈을 벌 수 있구나. 정말 기분이 좋은데.'

　워렌 버핏은 돈을 버는 것이 재미있었다. 하지만 돈을 함부로 쓰지 않고 절약하는 습관을 들였다.

　어느 날, 워렌 버핏에게 아버지가 책 한 권을 선물해 주었다.

　『천 달러를 버는 천 가지 방법』이라는 책이었다. 아버지는 워렌 버핏에게 책을 주면서 말했다.

　"네가 열심히 땀 흘려서 돈을 버는 법을 배우면 좋겠구나. 나는 네가 누군가에게 기대거나 행운을 바라면서 사는 사람이 아니라, 노동의 즐거움을 아는 사람으로 자랐으면 좋겠구나."

　"네. 명심할게요."

　워렌 버핏은 아버지의 말을 가슴에 새겼다.

　이 책은 워렌 버핏에게 보물이나 다름없었다. 언제나 들고 다니면

서 글을 다 외울 정도로 읽었다. 워렌 버핏은 책에 나온 방법을 사용해서 조금씩 더 많은 돈을 모을 수 있었다.

예를 들면 골프장에서 여기저기 떨어져 있는 골프공을 주워 친구들에게 팔거나, 경마장에서 *승률이 높은 말을 분석해서 직접 「마구간지기 소년의 선택」이라는 정보지를 만들어 팔아서 돈을 벌었다.

워렌 버핏은 같은 일을 하더라도

---

* **승률** | 경기에서 이기는 비율로, 승률이 높을수록 여러 번 이긴 것임.

좀 더 영리하게 더 많은 돈을 버는 것에 관심이 있었다.

그런 워렌 버핏에게 데일리는 비슷한 생각을 가진 동지였다.

두 사람은 고등학교를 졸업할 때까지 열심히 '윌슨 동전 기계 주식회사'라는 이름으로 핀볼 게임 기계를 설치하러 다녔다. 설치하는 방법은 매우 쉬워서 시간이 오래 걸리지 않았고, 일하는 시간에 비해서 많은 돈을 벌 수 있었다.

그렇게 해서 세 시간 정도를 꼬박 아르바이트해야 벌 수 있는 돈을 한 시간 만에 벌 수 있었다. 그 대신 남는 시간에는 공부를 했다. 이제 워렌 버핏에게는 공부할 시간도 많아졌다. 아르바이트를 할 시간도 충분했다.

워렌 버핏은 그런 생활이 너무나 만족스러웠다.

워렌 버핏은 아르바이트를 해서 번 돈을 차곡차곡 큰 유리병에 채워 넣었다. 조금씩 조금씩 유리병에 돈이 모일수록 점점 자신감도 커져 갔다.

"분명 지금의 경험으로 나중에 큰일을 할 수 있을 거야."

그때, 고등학교 생활을 통해 워렌 버핏은 경제가 무엇인지 똑똑히 알 수 있었다. 항상 누군가는 무엇을 사고 싶어 하고 누군가는 무엇을 팔기를 원하는데, 그 둘 사이에서 항상 워렌 버핏은 움직였다. 워렌 버핏은 사는 사람과 파는 사람을 연결해 주는 대가로 이익을 얻을 수 있었다. 또한 상품이 될 만한 물건을 고르는 투자의 *안목이 생기기 시작했다.

그 안목은 데일리와 '윌슨 동전 기계 주식회사'를 운영하면서 더욱 빛을 발하기 시작했다.

"너는 참 물건을 잘 고르는구나. 네가 고른 물건은 값을 잘 쳐 주고 순식간에 팔리잖아? 내가 이 일을 생각해 내기는 했지만 물건 고르는 눈은 너를 따라갈 수 없어."

데일리는 씩 웃으면서 워렌 버핏에게 말했다.

"나한테는 주변을 주의 깊게 관찰하는 *습성이 있는 것, 너도 잘 알지? 물건을 고를 때도 꼼꼼하게 살펴보았을 뿐이야."

워렌 버핏은 쑥스럽다는 듯이 머리를 긁적이며 웃었다. 이때부터 워렌 버핏은 자신의 안목에 자신감을 가지기 시작했다.

'내가 고른 물건은 잘 팔리는구나.'

어느덧 시간이 흘러 두 사람은 졸업을 하게 되었다. 워렌 버핏과 데일리는 나란히 펜실베이니아 대학교 와튼 스쿨에 진학을 하기로 했다.

---

* **안목** | 사물을 보고 분별하는 힘과 학식 또는 능력.
* **습성** | 어떤 행위를 오랫동안 되풀이하는 습관이 되어 버린 성질.

"우리 대학에 가서도 열심히 하자."

졸업식 날, 데일리가 손을 내밀어 인사를 했다.

"그래, 열심히 하자. 우리도 대학생다운 사업을 해야지. 공부도 열심히 해야 하지만 말이야."

넉살 좋게 이야기를 하는 워렌 버핏에게 데일리는 졌다는 듯이 웃음을 터뜨렸다.

"그래. 대학생다운 일을 해 보자고."

두 사람은 사이좋게 교문을 나섰다.

고등학교를 졸업한 워렌 버핏의 방에는 꼬깃꼬깃 접은 지폐가 가득 찬 유리병이 있었다. 이제까지 워렌 버핏이 열심히 일해서 번 것이었다. 자그마치 육천 달러!

그 돈은 고등학교를 졸업하는 워렌 버핏에게 소중한 사업 자금이 되었다. 결코 학생이 모은 것이라고 생각할 수 없는 어마어마하게 큰 돈이었다.

하지만 그것은 분명히 워렌 버핏이 땀을 흘려 온 결실이었다.

시크릿
포인트
Secret Point 3

무엇이든 꼼꼼하게 살펴라

똑같이 길을 가면서도 남들이 보지 못한 표지판을 먼저 찾아내는 친구가 있어요. 어른들은 그런 친구를 보고 '눈이 밝다.'고 하지요. 그리고 비슷비슷한 물건들 가운데서 좋은 것을 잘 가려내는 친구도 있어요. 그런 친구에게는 '안목이 있다.'거나 '보는 눈'이 있다고 해요. '눈이 밝다.'와 '안목이 있다.'는 서로 다른 것 같지만, 사실은 둘 다 무엇이든 꼼꼼하게 살펴보는 습관에 뿌리를 두고 있어요. 대충 훑어보지 않고 꼼꼼하게 살피다 보면, 자연스

  럽게 좋은 것과 나쁜 것을 알아보는 눈이 생기니까요.

    워렌 버핏은 친구 데일리와 함께 중고 핀볼 게임 기계를 되파는 아르바이트를 하지요. 하지만 데일리가 고른 물건보다 워렌 버핏이 고른 물건이 훨씬 잘 팔렸어요. 어째서 그럴까요? 그 이유는 워렌 버핏에게는 좋은 물건을 알아보는 눈이 있었기 때문이에요. 그리고 그것은 무엇이든 주의 깊게 관찰하는 습관 덕분이었어요. 똑같은 중고 게임 기계라도 꼼꼼하게 살펴보니 더 좋은 것을 가려낼 수 있었지요. 주식을 보는 눈도 마찬가지예요. 워렌 버핏이 특별한 눈을 가지고 태어나서 어떤 회사의 주식이 좋은지 안 것이 아니에요. 어릴 때부터 증권 회사 객장에서 시세표를 유심히 보았기 때문에 주가의 흐름을 혼자서 깨우칠 수 있었지요.

    여러분도 무엇이든 꼼꼼하게 살펴보아요. 허투루 보는 사람에게는 돌조각에 지나지 않던 것이 주의 깊게 보는 사람에게는 다이아몬드 보석일 수도 있으니까요.

4 새로운 목표

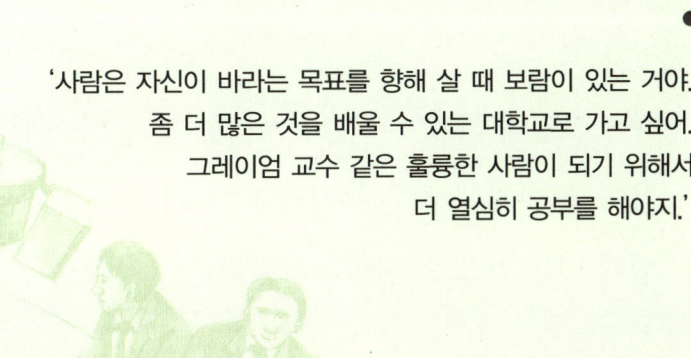

'사람은 자신이 바라는 목표를 향해 살 때 보람이 있는 거야.
좀 더 많은 것을 배울 수 있는 대학교로 가고 싶어.
그레이엄 교수 같은 훌륭한 사람이 되기 위해서
더 열심히 공부를 해야지.'

화창한 오월 어느 날, 펜실베이니아 대학교의 와튼 스쿨 학생들은 다가오는 중간고사 걱정에 머리를 싸매고 앉아 있었다.

"아, 어떻게 하지? 완전히 낙제할 것 같아. 이번에 낙제를 하면 여름에 놀러 가는 것은 무리라고. 우리 학과 교수님은 시험 문제를 어렵게 내는 것으로 유명한 사람이란 말이야."

학생들은 한숨을 쉬면서 시험을 걱정했다.

그런데 워렌 버핏이 긴 의자에 앉아서 느긋하게 햇빛을 쬐고 있었다. 워렌 버핏은 시험이 다가오는데도 아무렇지 않은 듯 평온한 얼굴을 하고 있었다.

그때, 한 친구가 워렌 버핏에게 다가와서 말을 걸었다.

"워렌, 무슨 생각을 그렇게 해? 설마 너도 다른 애들처럼 시험 걱정을 하고 있는 것은 아니겠지?"

놀리는 듯한 말에 워렌 버핏은 넉살 좋게 대답을 했다.

"그럴 리가. 일 학년 때 배우는 것은 너무 쉽잖아? 책을 한 번만 읽어도 어느 정도 성적이 나올 것 같은걸."

"뭐라고? 그 말을 다른 애들한테 해 봐. 바로 따돌림을 당할 거야."

친구의 말을 듣고도 워렌 버핏은 큰 소리로 웃기만 했다.

워렌 버핏은 어려서부터 경제와 주식 투자에 대한 책을 많이 읽었다. 워렌 버핏은 책을 통해서 유럽에 있는 유명한 교수나 미국의 훌륭한 경제인들을 접할 수가 있었다.

워렌 버핏에게는 책이 훌륭한 스승이었던 셈이다. 그래서인지 워렌 버핏은 대학 수업에 크게 흥미를 느낄 수 없었다.

'대학에 오면 내가 공부하고 싶은 것을 더 깊게 공부할 줄 알았는데. 이 정도면 이제까지 내가 읽어 온 책에 나온 이야기랑 별로 다르지 않잖아? 아, 재미없어.'

워렌 버핏은 속으로 투덜거렸다. 게다가 시험이 너무나 쉬웠다. 시험 전날 콜라를 마시면서 책을 한 번 읽어 보는 것만으로도 만점을 받을 정도였다. 워렌 버핏은 도전하는 즐거움을 점점 잃어 가고 있었다.

그런 지루한 나날 속에서도 워렌 버핏은 아르바이트를 계속했다.

"이번에 법학과의 미셸이 차를 빌려 달라고 하던데?"

"그래? 그거 잘 됐네. 며칠 동안?"

워렌 버핏은 데일리의 말을 듣고 매우 반가워했다.

"시험이 끝나면 여자 친구랑 같이 놀러 갈 거래."

"미셸은 부잣집 아들이니까 많이 받아."

"알았어."

워렌 버핏은 데일리와 함께 돈을 모아서 산 중고차를 학생들에게 빌려 주는 일을 하고 있었다. 여자 친구에게 근사하게 보이고 싶어 하는 남학생들의 마음을 노린 것이었다. 학생들은 언제든지 돈만 내면 차를 빌릴 수 있었다. 그 소문은 빠르게 남학생들 사이에 퍼졌다.

이제 워렌 버핏과 데일리는 물건을 살 사람을 찾아다니지 않았다. 대신 사람들이 자신들을 찾아오게 만들었다.

차를 빌려 주면서 벌어들이는 돈은 생각보다 많았다. 두 사람은 용돈을 쓰고도 많은 돈을 저축할 수 있었다.

하지만 워렌 버핏은 마음 한구석에 커다란 구멍이 뚫린 것 같은 기분을 떨칠 수 없었다. 많은 기대를 하고 들어온 대학에 대한 실망감 때문이었다.

그러던 어느 날, 아버지가 워렌 버핏에게 『현명한 투자자』라는 책 한 권을 건네주었다.

"이게 뭐예요?"

"아는 사람에게 추천을 받은 책인데, 네게 꼭 필요할 것 같아서 가지고 왔단다. 한 번 읽어 보렴."

"네. 그럴게요."

아버지의 말에 워렌 버핏은 묵묵히 책을 받아 들었다.

"심심하던 차에 잘 됐네."

워렌 버핏은 중얼거리면서 책장을 넘겼다.

하지만 책을 다 읽고 나서 워렌 버핏은 큰 충격을 받았다. 그 책은 진정한 투자자라면 어떻게 행동을 해야 하는지를 알기 쉽게 소개하고 있었다. 워렌 버핏이 이제까지 애타게 원했던 질문에 대한 해답을 알려 주고 있었다.

"이 책을 쓴 작가가 누구지? 벤저민 그레이엄? 컬럼비아 대학교의 교수라……."

워렌 버핏은 곧 그 책에 푹 빠지고 말았다. 그리고 벤저민 그레이엄 교수를 존경하게 되었다.

그레이엄 교수는 '*가치 투자의 아버지'라고 불릴 정도로 유명한 주식 투자가였다.

"지금의 주식 시장에는 도박 같은 *투기만이 존재합니다. 이것은 진정한 주식 투자라고 할 수 없습니다."

라고 그레이엄 교수는 책에서 밝혔다.

워렌 버핏은 책을 꼼꼼하게 읽으면서 예전에 자신이 주식을 사고 팔던 때를 떠올렸다.

그때 워렌 버핏은 그레이엄 교수와 비슷한 생각을 했었다. 회사에 대한 자료를 보고, 투자하는 방법을 만들어 보려고 궁리를 했다. 하지만 결코 만만한 일이 아니었다. 그런데 워렌 버핏이 만들고자 했던 방법을 그레이엄 교수가 완성한 것이었다.

"그 방법이 바로 여기에 있어. 그것도 이렇게 이해하기 쉽게 말이야. 굉장해. 나랑 비슷한 생각을 한 사람이 있다니!"

『현명한 투자자』는 워렌 버핏에게 오랫동안 찾아 헤매던 오아시스와도 같았다.

워렌 버핏은 그 책을 읽고, 깊은 생각에 빠졌다.

---

* **가치 투자** | 당장의 수익보다 얼마나 가치 있는 회사인지를 보고 투자하는 방법.
* **투기** | 우연한 기회를 틈타 큰 이익을 보려고 하는 일.

마침내 아버지에게 자신의 생각을 이야기하기로 마음먹었다.

"아버지, 학교를 옮기고 싶어요."

아버지는 깜짝 놀랐지만 내색하지 않았다. 쉽사리 그 말을 꺼내지 않았다는 것을 잘 알고 있었다.

"네가 선택한 일이니 분명한 이유가 있겠지. 그래, 네 생각이 그렇다면 그렇게 하도록 해라."

워렌 버핏은 자신을 믿어 주는 아버지의 말을 듣고, 힘을 얻었다.

'사람은 자신이 바라는 목표를 위해서 살 때 보람이 있는 거야. 좀 더 많은 것을 배울 수 있는 대학교로 가고 싶어. 그레이엄 교수 같은 훌륭한 사람이 되기 위해서 더 열심히 공부를 해야지.'

그 후 워렌 버핏은 네브래스카 대학교로 옮겼다. 그곳에서는 예전처럼 시간을 낭비하지 않고 열심히 공부했다.

"정말 워렌은 공부를 열심히 하는구나. 그렇게 열심히 공부를 하니까 당연히 학교에서도 좋은 성적을 받을 수밖에 없는 거야."

학교 친구들은 모두 부러운 눈으로 워렌 버핏을 쳐다보았다.

친구들은 워렌 버핏이 국회의원이었던 아버지의

영향을 받아서 열심히 공부를 한다거나, 혹은 워렌 버핏이 원래 머리가 좋아서 성적이 좋다고만 이야기했다.

하지만 사실은 그렇지 않았다. 워렌 버핏은 분명한 목표가 생겼기 때문에 열심히 공부를 하게 된 것이었다.

"그레이엄 교수를 꼭 만나고 말 거야. 그래서 좀 더 많은 이야기를 들어 보고 싶어. 그 사람한테 많은 것을 배우고 싶어."

워렌 버핏은 그레이엄 교수를 만날 때 창피당하고 싶지 않았다. 그래서 더욱더 공부에 매달리는 열정을 갖게 되었다.

'네가 이제야 제 길을 찾았구나.'

아버지는 열심히 공부하는 워렌 버핏을 보며 흐뭇해했다. 아버지는 워렌 버핏이 대학에 들어가서 한동안 공부에 의욕이 없는 것 같아서 걱정하고 있었다. 하지만 생기 도는 얼굴로 공부에 몰두하는 워렌 버핏이 무척 대견스러웠다.

일단 본격적으로 공부를 시작한 워렌 버핏은 우수한 성적을 놓치지 않았다. 그러면서도 틈틈이 아르바이트를 하는 것도 잊지 않았다.

데일리도 워렌 버핏의 변화를 기뻐했다.

"워렌, 예전처럼 즐거운 얼굴을 하니 보기 좋다."

"응? 내가 그랬어?"

워렌 버핏이 되묻자, 데일리가 고개를 끄덕였다.

"그래, 그런데 지금은 보는 사람까지 기운이 펄펄 날 정도로 즐거워 보이는걸? 대체 비결이 뭐야? 나한테만 살짝 이야기해 줘."

워렌 버핏이 활짝 웃으면서 자신 있게 말했다.

"목표가 생겼거든."

"목표?"

데일리가 고개를 갸우뚱거렸다.

"내가 해야 할 일을 찾았어. 그래서 지금은 그것을 위해서 열심히 노력하는 중이야."

데일리는 워렌 버핏의 어깨를 가볍게 두드려 주었다.

"그렇구나. 지금의 너라면 어떤 목표라도 이룰 수 있을 거야."

데일리의 응원에 워렌 버핏은 해맑게 웃었다.

워렌 버핏은 우수한 성적으로 네브래스카 대학교를 졸업했다.

졸업장은 워렌 버핏의 방에 고등학교 졸업장과 함께 나란히 놓였다. 그 옆에는 유리병이 있었고, 유리병 안에는 워렌 버핏이 소중하게 모은 돈이 들어 있었다. 구천팔백 달러나 되는 큰돈이었다.

시크릿 포인트 Secret Point 4

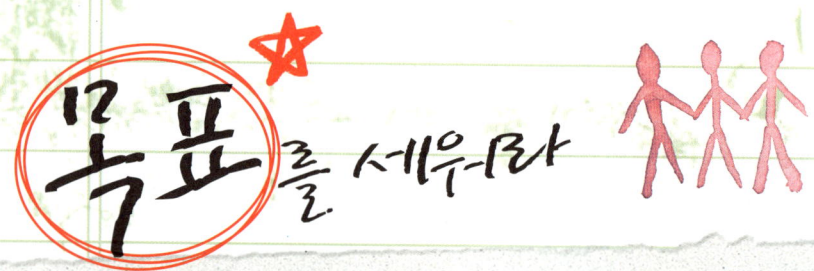
목표를 세우라

여러분은 꼭 하고 싶은 것이나 뭔가 이루고 싶은 것이 있지요? 수학 시험에서 백 점을 맞는 것이 목표인 친구도 있고, 아나운서가 꿈인 친구도 있을 거예요. 올해가 가기 전에 저금통을 다 채우겠다고 마음먹은 친구도 있겠지요. 사람들이 목표로 삼는 것은 저마다 달라요. 하지만 목표를 가진 사람들은 그것을 이루기 위해 열심히 노력하지요. 그럼 아무런 목표가 없는 사람은 어떨까요?

처음 펜실베이니아 대학교에 들어간 워렌 버핏은 학교 공부에 흥미를 느끼지 못했어요. 주식이나 투자에 대해서 더 많이 알고 싶었는데 대학교에서 배우는 내용이 기대했던 것보다 너무 쉬웠기 때문이에요. 실망한 워렌 버핏은 공부할 의욕을 잃어버렸어요. 하지만 아버지가 권해 준 『현명한 투자자』라는 책을 읽고 그레이엄 교수 같은 사람이 되기로 결심하지요. 이루고 싶은 목표가 생긴 거예요. 워렌 버핏은 네브래스카 대학교로 옮겨서 정말 열심히 공부를 했어요. 모두들 깜짝 놀랐지요.

워렌 버핏을 이렇게 바꿔 놓은 것은 무엇일까요? 바로 목표예요. 목표가 있는 사람과 그렇지 않은 사람은 크게 달라요. 아무런 목표도 없이 하루하루 지내는 사람은 지도와 나침반 없이 바다 한가운데 떠 있는 뗏목과 같아요. 어디쯤 왔는지, 어디로 가게 될지 전혀 알 수가 없으니까요. 하지만 목표를 가진 사람은 망설이지 않고 나아갈 수 있어요. 그리고 끊임없이 노력할 수 있는 힘을 얻지요.

제아무리 뛰어난 재능을 타고난 사람이라도 목표가 없으면 아무것도 이룰 수 없어요. 여러분도 항상 목표를 정하고 생활하는 습관을 들여 보아요.

5 그레이엄 교수를 만나다

워렌 버핏의 갑작스러운 질문은 그레이엄 교수를 난처하게 만들기도 했다.
하지만 그레이엄 교수는 워렌 버핏을 버릇없다고 꾸짖지도 않았고, 무시하지도 않았다.
언제든지 그레이엄 교수는 워렌 버핏의 질문에 대답해 주었다.

사람들이 하나 둘 하버드 대학교 앞으로 모여들었다. 다들 얼굴에는 긴장감이 가득했다.

하버드 대학교의 경영 대학원은 모든 사람들이 들어가고 싶어 하는 곳으로 경영학을 배우는 학생들에게는 꿈의 배움터나 다름없었다. 일단 이곳을 졸업하면 모든 사람들로부터 최고의 인재로 인정을 받을 수 있기 때문이었다.

워렌 버핏 역시 최고의 인재가 되고 싶었다. 워렌 버핏은 열심히 공부를 해서 하버드 대학교 경영 대학원의 입학 시험을 보았다. 하지만 워낙 수준이 높은 학교인 만큼 걱정이 많이 되었다.

시험 결과를 우편으로 보내 주기로 되어 있었지만, 워렌 버핏은 하루라도 빨리 결과를 알고 싶었다. 그래서 떨리는 마음으로 하버드 대학교를 찾아왔다.

워렌 버핏은 경영 대학원 건물 앞에 서서 몸을 떨었다.

'어떻게 되었을까, 붙었을까? 아, 답답해. 빨리 결과가 나왔으면 좋겠어.'

워렌 버핏은 결과 발표를 기다리는 시간이 너무 길게 느껴졌다.

"아, 나왔다, 나왔다!"

그때 누군가 소리를 질렀다. 사람들이 한꺼번에 그곳을 바라보았다. 직원으로 보이는 사람들이 나와서 건물 벽에 합격자 명단을 붙이고 사라졌다.

사람들이 합격자 명단 앞에 몰려들었다. 워렌 버핏도 사람들 사이에 끼어서 합격자 명단 앞으로 걸어갔다. 한 걸음 한 걸음 걸어갈수록 심장이 한 박자 더 빠르게 뛰는 것만 같았다.

'워렌 버핏, 워렌 버핏, 워렌 버핏······아, 없다!'

워렌 버핏은 자신의 이름을 되뇌며 합격자 명단을 보았다. 점점 워렌 버핏의 얼굴이 흙빛으로 변했다. 위에서부터 아래로 죽 살펴보았지만, 워렌 버핏의 이름은 합격자 명단에 없었다. 도저히 믿을 수가 없었다. 다시 한 번 살펴보았지만, 결과는 마찬가지였다.

워렌 버핏은 눈앞이 캄캄했다.

워렌 버핏은 할 말을 잃은 채 터덜터덜 발길을 돌렸다. 집으로 돌아온 워렌 버핏은 방에 틀어박혀서 나올 생각을 하지 않았다.

워렌 버핏이 며칠째 방에서 나오지 않자, 아버지는 너무나 걱정이 되었다. 기다리다 못한 아버지는 워렌 버핏의 방에 들어갔다.

"네가 상처를 많이 받은 것은 알고 있단다. 얼마나 충격이 크겠니. 그렇다고 이러고 있으면 어떻게 하니?"

워렌 버핏은 입을 꾹 다물고 있었다. 패배감을 떨쳐 낼 수가 없었다.

"너를 걱정하는 사람도 생각해야지. 사람은 살면서 한두 번은 실수도 하고, 실패도 하는 법이란다. 그것은 분명히 견디기 힘든 일이야. 하지만 그때마다 다들 이렇게 모든 것을 포기한 얼굴을 하지는 않아. 이제 그만 훌훌 털고 일어나거라."

워렌 버핏은 아버지의 말이 귀에 들어오지 않았다. 워렌 버핏의 머릿속에는 하버드 대학교 경영 대학원에 떨어졌다는 생각만이 맴돌았다. 아버지는 한숨을 쉬면서 작은 책자 하나를 내밀었다.

"여기를 가 보면 어떻겠니?"

워렌 버핏은 힐끔 쳐다보았다.

"컬럼비아 대학교 경영 대학원의 안내장이란다. 이곳에는 네가 예전에 열심히 읽었던 『현명한 투자자』를 쓴 사람이 교수로 있다는구나."

아버지의 말에 워렌 버핏은 고개를 들었다.

"그레이엄 교수님이요?"

"그래. 그분이 컬럼비아 대학교 경영 대학원에서 교수로 있다고 하더구나. 내가 보기에는 이곳에서 오히려 네가 원하는 공부를 마음껏 할 수 있을 것 같은데, 네 생각은 어떠니?"

아버지의 말은 워렌 버핏에게 희망을 주었다. 그레이엄 교수는 꼭 만나고 싶은 인물이기 때문이었다. 워렌 버핏은 『현명한 투자자』를 읽고 그레이엄 교수를 존경하게 되었다.

그를 만나서 경제와 주식 투자에 대한 이야기를 나누는 것이 워렌 버핏의 목표였다.

워렌 버핏은 머릿속으로 환한 빛줄기가 내려오는 것 같았다. 생각지도 못한 길이 열린 셈이었다.

"잘 생각해 보렴."

아버지가 방을 나가자 워렌 버핏은 깊은 생각에 빠졌다. 하지만 고민은 금세 끝이 났다.

'그래, 다시 시작하자. 내가 하버드 대학교 입학 시험에 떨어진 건 아직 내 실력이 부족하다는 뜻이지. 그렇다고 영원히 여기서 머물 수는 없어. 새로운 길을 찾아낼 거야.'

워렌 버핏은 가슴이 뛰었다. 아버지가 준 안내장을 조용히 넘겨 보았다. 안내장에는 어떤 교수가 무슨 과목을 가르치는지 자세하게 나와 있었다. 컬럼비아 대학교 경영 대학원에 가면 그레이엄 교수로부터 경제와 주식 투자에 대한 강의를 들을 수 있었다.

다음 날, 워렌 버핏은 마음을 굳히고 아버지에게 말했다.

"저, 컬럼비아 대학교 경영 대학원에 지원하겠어요. 그동안 걱정을 끼쳐 드려서 정말 죄송해요."

마음을 정한 워렌 버핏은 곧바로 컬럼비아 대학교 경영 대학원에 원서를 냈다.

워렌 버핏은 한 번 시험에 떨어진 적이 있었기 때문에 불안했다. 하지만 더욱더 열심히 공부를 해서 컬럼비아 대학교 경영 대학원에 합격했다.

워렌 버핏은 몹시 기뻤고, 합격한 다음에는 그레이엄 교수를 직접 만날 날만 손꼽아 기다렸다.

드디어 새 학기가 시작되었다. 워렌 버핏은 두근거리는 마음으로 강의실에서 그레이엄 교수를 기다렸다. 강의실로 들어온 그레이엄 교수는 짧은 인사와 함께 강의를 시작했다.

"여러분은 경제가 무엇인지 알고 있습니까?"

그레이엄 교수가 맨처음으로 던진 질문이었다. 그러자 학생들은 서로의 얼굴을 쳐다보면서 대답을 망설였다.

"그럼 투자란 대체 무엇일까요?"

그때 워렌 버핏이 손을 번쩍 들고 대답했다.

"가치가 있고 미래가 있는 것을 판단해서 이득을 얻는 것입니다."

그레이엄 교수는 워렌 버핏의 대답을 듣고, 무척 흥미로운 표정을 지었다.

"그럼 투자는 어떻게 해야 하지요?"

워렌 버핏을 향해 질문을 던졌다. 워렌 버핏은 망설이지 않고 곧바로 대답했다.

"눈에 보이지 않는 장래성을 판단하기 위해서 여러 가지 자료를 보고 객관적으로 판단을 해야 합니다."

그레이엄 교수는 워렌 버핏의 분명한 대답에 흡족한 얼굴로 고개를 끄덕였다.

"저 학생의 말대로입니다. 투자는 투기가 아닙니다. 투자를 할 때는 반드시 객관적인 자료를 바탕으로 장래성 있는 기업을 찾아내야 합니다. 이것이 진정한 투자라 할 수 있습니다."

계속해서 그레이엄 교수는 올바른 투자 방법과 앞으로 배울 수업 내용에 대해 알려 주었다.

워렌 버핏은 그레이엄 교수의 한 마디 한 마디에 귀를 기울이면서 열심히 공책에 적어 두었다.

수업이 끝나고, 그레이엄 교수가 워렌 버핏에게 말을 걸었다.

"자네. 아까는 참 말을 잘하더군. 투자에 관심이 많은가?"

"예. 특히 교수님이 쓰신 책, 『현명한 투자자』를 열심히 읽었습니다."

"그래?"

그레이엄 교수는 워렌 버핏의 말에 관심을 보였다.

"자네, 이름이 뭐지?"

"워렌 버핏입니다."

"워렌 버핏 군. 앞으로 자네가 어떤 사람이 될지 기대하고 있겠네."

그레이엄 교수의 말을 들은 워렌 버핏은 환하게 웃으면서 강의실을 나왔다.

강의실을 나오는 워렌 버핏은 심장이 쿵쾅쿵쾅 뛰었다. 워렌 버핏에게는 보물과도 같은 책을 쓴 사람과 이야기를 나누었기 때문이었다. 그레이엄 교수를 만날 날이 이렇게 빨리 오리라고는 생각도 하지 못했는데……. 워렌 버핏의 마음은 하늘을 날 듯이 기뻤다.

'까짓, 하버드가 무슨 상관이람. 이제 지난 일은 잊어버리자. 여기에는 그레이엄 교수님이 있잖아. 내 인생은 지금부터야. 내가 그레이엄 교수님의 책을 보고서 놀란 것만큼 교수님이 나한테 놀라도록 만들겠어. 이것이야말로 컬럼비아 대학교 경영 대학원에서 내가 이루고 싶은 꿈이야.'

워렌 버핏은 컬럼비아 대학교 경영 대학원에서 공부하는 하루하루가 즐거웠다. 아침마다 학교에 가는 발걸음이 너무도 가벼웠다.

워렌 버핏은 어린 시절이 떠올랐다. 증권 회사에서 시세표를 쳐다보며 좋아했던 것만큼이나 공부를 하는 것이 신이 났다.

워렌 버핏은 경제 잡지를 읽다가 궁금하거나 잘 이해가 되지 않는 내용은 적어 두었다가 그레이엄 교수에게 물었다. 가끔 수업 시간에 그레이엄 교수가 자신과 다른 뜻을 밝히면, 워렌 버핏은 그 자리에서 바로 자신의 의견을 말했다.

"교수님, 경영자를 보고 회사에 투자한다면 좋은 판단이라고 할 수 있을까요?"

워렌 버핏의 이런 갑작스러운 질문은 그레이엄 교수를 난처하게 만들기도 했다. 하지만 그레이엄 교수는 워렌 버핏을 버릇없다고 꾸짖지 않았고, 무시하지도 않았다. 언제든지 그레이엄 교수는 워렌 버핏의 질문에 대답해 주었다.

"아무리 *적자에 허덕이는 회사라도 훌륭한 경영자가 새로 들어오면 곧 회사를 *흑자로 만들 수 있는 겁니다. 그렇기 때문에 다른 무엇보다도 실력 있는 경영자를 보고 투자를 한 사람들이 이득을 얻을 수 있지요."

"회사 내부의 상황을 몰라도 될까요?"

"가능하면 회사의 내부 상황, 그리고 경영자의 능력을 종합적으로 살펴보는

* **적자** | 번 돈보다 쓴 돈이 많아 손해를 보는 일.
* **흑자** | 쓴 돈보다 번 돈이 많아 이익을 보는 일.

것이 좋습니다. 하지만 경영자의 능력이 가장 중요하다는 것을 잊지 말아요."

"저는 회사의 내부 상황이 더 중요한 것 같은데……."

워렌 버핏이 아무리 자신의 주장을 펴도 그레이엄 교수는 침착하게 일관된 견해를 밝혔다. 하지만 워렌 버핏도 고집이 센 편이라 쉽게 자신의 의견을 꺾으려고 하지 않았다.

"아, 저 두 사람 또 시작했어."

"한 번 토론을 시작하면 해가 지는 줄도 모른다니까. 워렌은 대단하지 않아? 나는 그레이엄 교수님 앞에 서면 몸이 완전히 굳어 버려서 아무 말도 못 하겠던데 말이야."

"그러게. 그래도 저 두 사람의 토론을 듣다 보면, 수업 내용이 머리에 쏙쏙 들어오는 것 같아. 우리한테는 도움이 되지. 물어보고 싶은 것을 워렌이 대신 물어봐 주니까."

다른 학생들은 수군거리면서도 그레이엄 교수와 워렌 버핏의 토론을 지켜보았다. 한 번 시작된 두 사람의 토론은 쉽게 끝나지 않았다. 어떤 때에는 밤늦은 시간까지 계속되기도 했다.

시간이 흐르면서 그레이엄 교수는 워렌 버핏을 인정해 주었다.

"자네는 내가 만난 학생들 가운데 가장 뛰어나네. 자네 같은 제자를 만나서 정말 기쁘네."

워렌 버핏은 가슴이 뿌듯했다.

학기가 끝나자, 그레이엄 교수는 워렌 버핏에게 최고 학점을 주었다. 그레이엄 교수에게 그런 높은 학점을 받은 학생은 오직 워렌 버핏뿐이었다.

졸업 무렵, 워렌 버핏은 컬럼비아 대학교 경영 대학원의 살아 있는 전설이 되었다.

시크릿 포인트
Secret Point 5

망설이지 말고 질문하라

잘 모르는 것이 있을 때 부끄럽다고 질문을 하지 못하는 친구들이 있어요. 또 자기와 생각이 다른 사람 앞에서 혹시라도 싸우게 될까 봐 말을 꺼내지 않는 친구들도 있어요. 모르는 것을 물어보는 게 정말 부끄러운 일일까요? 그리고 자기와 생각이 다른 사람 앞에서 의견을 말하지 않는 것이 과연 현명한 일일까요?

워렌 버핏은 그레이엄 교수의 수업 시간에 누구보다 적극적으로 질문을 했어요. 모르는 것은 눈치 보지

않고 물어보고, 상대가 교수더라도 자기와 생각이 다를 때는 끝까지 따지고 들었어요. 이런 워렌 버핏을 보고 그레이엄 교수는 버릇없다고 생각했을까요? 전혀 그렇지 않았어요. 오히려 자기가 만난 학생 가운데 가장 뛰어나다고 인정을 했어요. 다른 학생들도 마찬가지였어요. 아무도 워렌 버핏을 보고 잘난 척하는 녀석이라고 욕하지 않았어요. 워렌 버핏과 그레이엄 교수의 토론은 같이 수업을 듣는 다른 학생들에게도 도움이 되었으니까요. 질문은 부끄러운 것이 아니에요. 모르는 것이 있으면 망설이지 말고 물어봐요. 정말 부끄러운 것은, 다른 사람 눈 때문에 모르는 것을 아는 척하고 넘어가려는 마음이에요. 그리고 언제, 어느 곳, 누구 앞에서든 자기 의견을 분명하게 이야기해요. 자기와 다른 의견을 가진 사람을 만났을 때, 토론을 하면서 서로 생각을 맞추어 나가는 것도 좋은 공부가 된다는 것을 꼭 기억해요.

6 '가이코'를 찾아가다

두 사람의 긴 대화가 끝났다. 워렌 버핏이 자리에서 일어서자, 사장이 손을 내밀어 악수를 청했다. 워렌 버핏은 사장의 손을 잡고 인사를 했다. 사장은 워렌 버핏에게서 무한한 가능성을 보았다.
'크게 될 학생이야. 작은 우리 회사에 들어오라고 하기에는 아까운 인재로군.'

● 　　　　　워렌 버핏이 컬럼비아 대학교 경영 대학원
●
● 도서관에서 책을 보고 있을 때였다. 한 친구가 워렌 버핏에게 말을 걸었다.

"워렌, 무슨 책을 그렇게 열심히 보는 거야?"

"그냥 새로 나온 책이 있기에 보는 중이야."

"책 내용이 뭔데?"

"응. 주식에 관한 거야."

"그렇구나. 나는 주식은 잘 모르겠던데."

친구가 창피한 듯 머리를 긁었다.

"증권 회사에 한번 가 보지 않을래? 거기에 가면 주식이 무엇인지 자연스럽게 알 수 있을 거야."

"그래? 나중에 한번 가 봐야겠다. 알려 줘서 고마워."

워렌 버핏은 친구를 보며 씩 웃었다.

"참, 주식이라고 하니까 생각났는데, 그 이야기 알고 있어?"

친구가 갑자기 생각이 났다는 듯이 말을 꺼냈다.

"무슨 이야기?"

워렌 버핏이 되물었다.

"너는 그레이엄 교수님이랑 친하니까 알 줄 알았는데. 그레이엄 교수님이 어떤 회사에서 이사를 맡고 있대."

"그게 정말이야?"

친구의 말을 들은 워렌 버핏은 호기심이 생겼다. 워렌 버핏은 친구에게 회사의 이름을 물었다. 친구는 '가이코'라고 회사 이름을 알려 주었다. 하지만 회사에 대한 자세한 내용은 알지 못했다.

워렌 버핏은 '가이코'가 대체 어떤 회사인지 궁금했다.

'교수님한테 직접 물어보면 좋은데 지금 학교에 계시지 않으니 어떻게 한다?'

그때 워렌 버핏의 머릿속을 스치고 지나가는 생각이 있었다. 워렌 버핏은 무릎을 탁 치면서 외쳤다.

"그래. 모르면 찾아가서 물어보면 되잖아!"

워렌 버핏은 '가이코'를 찾아가기로 결심했다. '가이코'가 어떤 회사인지 궁금해진 이상 그레이엄 교수가 돌아올 때까지 기다릴 수 없었다. 원래 워렌 버핏은 한번 마음먹은 것은 망설이지 않고, 행동으로 옮기는 성격이었다.

워렌 버핏은 회사 주소가 적힌 종이 한 장을 들고, 워싱턴의 빌딩 숲을 뒤지고 다녔다. 두어 시간을 돌아다닌 끝에 회사를 찾을 수 있었다.

회사 현관 위에는 '가이코'라는 이름이 적힌 간판이 있었다. '가이코' 옆에는 '보험 회사'라고 쓰여 있었다.

"보험 회사였구나. 주식 *투자 회사가 아니라 보험 회사라니, 조금 의외인데?"

건물 앞에서 망설이던 워렌 버핏은 안으로 들어가 보기로 했다.

'하지만 어떻게 들어가지? 사람이 아무도 없잖아.'

워렌 버핏은 안을 살피며 문을 두드렸다.

"저기, 잠깐만요. 아무도 없어요? 잠깐만 나와 주세요."

한참 동안 문을 두드렸지만, 아무도 나오지 않았다. 토요일이었기 때문에 회사에 아무도 없는 모양이었다. 하지만 워렌 버핏은 그대로 돌아갈 수 없어 계속 문을 두드렸다.

바로 그때였다.

---

* **투자 회사** | 투자자들의 돈을 모아서 투자 활동을 하여 이익을 내는 회사.

"자네 누구지? 무슨 일인가?"

문 두드리는 소리를 듣고 경비원이 밖으로 나왔다.

"아, 안녕하세요."

워렌 버핏은 머뭇거리면서 입을 열었다.

하지만 무슨 말을 해야 좋을지 몰랐다. 경비원은 워렌 버핏을 위아래로 훑어보았다.

"학생인 듯한데, 무슨 일로 왔나?"

"네. 그레이엄 씨를 뵙고 싶은데요."

워렌 버핏의 대답을 들은 경비원은 깜짝 놀랐다. 그러고는 워렌 버핏을 다시 한 번 살펴보았다.

평범해 보이는 학생이 '가이코'의 이사를 만나러 왔다니 아주 의아한 모양이었다.

워렌 버핏은 거듭 그레이엄 교수를 불러 달라고 부탁했다.

"오늘은 나오지 않으신 것 같은데, 일단 안으로 들어오게."

"네."

워렌 버핏은 경비원을 따라 관리 사무소로 들어갔다.

경비원이 인터폰을 들었다.

"아, 자네 이름이?"

"워렌 버핏입니다. 그레이엄 씨가 교수로 있는 컬럼비아 대학교 경영 대학원의 학생입니다."

"그래. 잠시만 기다려 보게."

경비원은 그레이엄 이사실로 연락을 했다. 그리고 잠깐 통화를 하더니 난처한 표정으로 워렌 버핏을 되돌아보았다.

"미안한데, 그레이엄 이사님은 지금 사무실에 계시지 않는다고 하는구나."

"예? 그럼 만날 수 없어요?"

워렌 버핏이 놀라며 물었다. 그러자 경비원이 미안한 얼굴로 고개를 끄덕였다.

"그러면 어떡하지?"

워렌 버핏은 어깨를 축 늘어뜨렸다. 그레이엄 교수를 만나서 많은 이야기를 나누려던 기대가 깨지고 말았다. 하는 수 없이 발길을 돌릴 수밖에 없었다.

"그럼 다음에 다시 올게요. 폐를 끼쳐서 죄송합니다."

바로 그때였다. 경비원이 인터폰을 받더니 워렌 버핏을 불렀다.

"이봐, 잠깐 기다려 보게. 사장님이 와 계신다네. 만나 보겠나?"

경비원의 말을 듣고, 워렌 버핏은 망설였다.

'나는 오늘 그레이엄 교수님을 만나려고 왔지만, 이 회사의 사장님을 직접 만나 보는 것도 좋을 것 같아. 그레이엄 교수님이 일하는 회사라면 분명 경영자도 훌륭한 사람일 거야. 직접 만나서 이야기해 보고 싶어. 아직 학생인 내가 한 회사를 움직이는 경영자를 만날 수 있는 기회는 흔하지 않으니까.'

"네. 만나게 해 주세요. 만나고 싶어요."

워렌 버핏은 경비원에게 말했다. 그러자 경비원은 알았다고 하고는 바로 사무실로 연락을 했다. 그런 다음 워렌 버핏을 사장실로 데려다 주었다.

이윽고 사장실 앞에 서자, 워렌 버핏은 긴장이 되었다. 이렇게 긴장이 되는 것은 꽤 오랜만이었다.

워렌 버핏은 헛기침을 한 번 한 다음 숨을 크게 들이쉬고 문을 두드렸다.

"들어와요."

"실례합니다."

워렌 버핏은 머뭇거리면서 사장실 안으로 들어섰다. 회사의 모든 일을 이 사장실에서 결정한다고 생각하니 가슴이 뛰었다.

워렌 버핏은 사장과 마주 앉았다.

"그래, 그레이엄 이사의 제자라고 했지?"

비서가 차를 내오자, 사장이 입을 열었다. 워렌 버핏은 고개를 끄덕이며 대답했다.

"그렇습니다."

"그런데 무슨 일로 여기까지 온 거지? 모르는 게 있으면 학교에서 물어보면 될 텐데."

사장의 말에 워렌 버핏이 당돌하게 대답했다.

"그레이엄 교수님이 일하는 곳을 보고 싶었습니다. 학교는 이론을 배우는 곳이지만, 여기는 그렇지 않으니까요. 실제 경영 현장을 직접 보고 싶었습니다."

거침없이 말하는 워렌 버핏을 보고 사장이 깜짝 놀라는 얼굴을 했다. 평범한 학생으로 보이는 워렌 버핏이 설마 이런 대답을 할 줄은 생각도 못했기 때문이었다.

"그래서 와 보니 어떤가?"

"신기해요. 이곳에서 회사를 경영하고, 주식을 움직인다는 것이 무척 신기합니다."

"자네는 주식에 관심이 있나?"

"네."

워렌 버핏은 주식에 대한 자신의 의견을 말했다. 투자에 대한 이야기도 했다. 보험 회사는 보험료로 들어온 돈을 어떻게 투자해야 금액을 불릴 수 있다는 말도 했다.

사장은 귀를 기울여 워렌 버핏의 말을 들었다.

'이 청년, 처음에는 그냥 평범한 학생이라고 생각을 했는데 비범한 구석이 있군. 괜히 그레이엄 이사의 제자가 아닌 모양이야. 여기까지 찾아온 것만으로도 놀라운데 이야기를 들어 보니 꼭 오랫동안 주식 시장에서 일해 온 전문가 같잖아.'

이야기를 나누면서 사장은 내심 놀랐다. 그도 그럴 것이 워렌 버핏의 생각은 그레이엄 교수의 생각과 닮아 있으면서도 조금 달랐다. 워렌 버핏이 그동안 배운 것을 바탕으로 나름대로 자신만의 생각을 했다는 증거였다.

"투자는 무엇보다 공정한 자료를 가지고 판단해야 합니다. 회사의 이름이나 업적보다 장래성을 더 따져 보아야 하니까요."

"그렇지. 장래성이 있는 회사가 결국 성공하는 법이야. 어떻게 그런 생각을 했지?"

"저는 어려서부터 주식에 관심이 많았습니다. 그래서 증권 회사에 자주 갔고, 혼자서 책도 많이 읽고 공부를 했습니다. 그렇게 공부를 하는 사이에 주식 시장에 흐름이 있다는 것을 알았습니다. 그 흐름을 잘 파악해서 신중하게 투자를 하면 실패할 일이 거의 없다고 생각합니다."

평범한 학생이라면 사장 앞에서 주눅이 들 법도 했지만, 워렌 버핏은 전혀 기죽지 않고 자신의 생각을 술술 쏟아 냈다. 사장은 워렌 버핏의 말을 조용히 듣고 있었다.

"하지만 그 투자법을 만들려다 실패하고 말았습니다."

워렌 버핏이 멋쩍은 웃음을 지었다.

그러나 곧 진지한 표정으로 말을 이었다.

"언젠가 반드시 그 투자법을 완성하고 싶습니다. 그래서 제대로 투자하는 방법을 사람들에게 알려 주고 싶습니다."

워렌 버핏의 말을 들은 사장은 고개를 끄덕였다. 어떻게 들으면 터무니없는 꿈인 것 같았다. 하지만 그레이엄 교수의 제자인 워렌 버핏이라면 가능할 것 같았다.

그만큼 워렌 버핏의 말에는 힘이 넘쳤다.

"자네의 꿈이 이루어지기를 기대하겠네."

"예. 기대해 주셔서 감사합니다."

두 사람의 긴 대화가 끝났다.

워렌 버핏이 자리에서 일어서자, 사장이 손을 내밀어 악수를 청했다. 워렌 버핏은 사장의 손을 잡고 인사를 했다.

사장은 워렌 버핏에게서 무한한 가능성을 보았다.

'크게 될 학생이야. 작은 우리 회사에 들어오라고 하기에는 아까운 인재로군.'

사장은 그렇게 생각하며 아쉬워했다.

워렌 버핏은 집으로 돌아온 다음 날 '가이코'의 주식을 샀다. 직접 만나 보니 '가이코'의 사장이라면 회사의 미래가 분명 밝을 것이라고 생각했기 때문이었다. 그 회사의 주식을 사 두면 나중에 큰 재산이 될 수 있을 것 같았다.

워렌 버핏은 '가이코'에 다녀온 다음부터 경영과 주식에 대해서 더 진지하게 생각하게 되었다. 경영자를 직접 만나서 대등하게 이야기를 나누어 보기는 그때가 처음이었다.

워렌 버핏은 마치 자신이 경영 현장에 발을 디딘 것 같아 흥분되기도 했다.

'언젠가 나도 그런 경영자가 되고 싶어. 또 좋은 경영자를 찾아내서 키워 줄 수 있는 훌륭한 투자가가 되고 싶어. 내 꿈이 현실로 이루어지는 것은 시간 문제야!'

워렌 버핏은 '가이코'를 찾아가기를 잘 했다고 생각했다.

그 후 워렌 버핏은 컬럼비아 대학교 경영 대학원을 우수한 성적으로 졸업했다. 그리고 오랜 시간 알고 지낸 소꿉친구와 결혼을 했다.

성적이 우수했던 워렌 버핏에게 그레이엄 교수는 회사 몇 곳을 소개해 주었다. 하지만 워렌 버핏은 그것을 거절했다.

"교수님, 말씀은 고맙지만 저는 꼭 해 보고 싶은 게 있어요. 그것을 성공시키는 것이 꿈입니다."

"그래? 아쉽지만 나중에 다시 만나는 것을 기대해야겠군. 훌륭한 투자가이자 경영자로서 말이야."

그레이엄 교수는 워렌 버핏의 앞길을 축복해 주었다.

워렌 버핏은 정든 컬럼비아 대학교 경영 대학원을 뒤로하고 고향으로 향했다. 고향 오마하는 워렌 버핏이 어린 시절 주식 투자의 꿈을 키운 곳이었다. 이제 그 꿈을 활짝 피울 때가 온 것이다.

집으로 돌아가는 차 안에서 워렌 버핏은 마냥 들뜬 얼굴을 하고 있었다.

시크릿 포인트 6
Secret Point

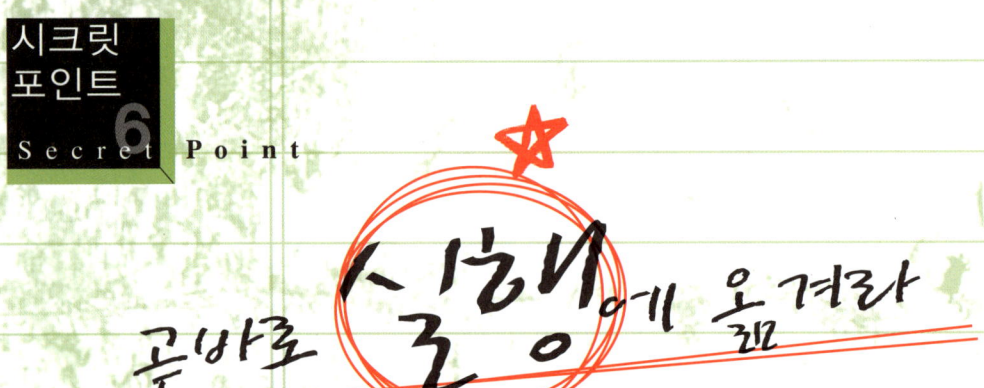
곧바로 실행에 옮겨라

뭔가를 하기로 마음먹었을 때 여러분은 곧바로 행동으로 옮기는 편인가요? 아니면 망설이는 편인가요? 마음먹은 것을 곧바로 실행하는 것은 기분 내키는 대로 행동하거나, 충동에 이끌리는 것과는 아주 많이 달라요. 계획을 세우는 것은 쉽지만 지키는 것은 어려운 것처럼, 하고 싶은 일이 있을 때 빠르게 결정을 내리고 움직이는 것은 쉽지 않은 일이에요. 하지만 발 빠르게 움직이는 사람은 보다 빨리 목표에 닿을 수 있지요.

워렌 버핏은 친구에게 그레이엄 교수가 이사로 있는 회사에 관한 이야기를 듣고 굉장히 궁금했어요. 하지만 교수님이 학교에 계시지 않아서 물어볼 수가 없었지요. 교수님을 기다릴 수도 있었지만, 워렌 버핏은 직접 회사로 찾아갔어요.

그리고 '가이코'의 사장님을 만나게 되었지요. 이날의 만남은 워렌 버핏에게 큰 영향을 주었어요. 회사 경영과 주식에 대해서 더 진지하게 생각하게 되었고, 경영자가 얼마나 중요한

일을 하는지도 알게 되었어요. 그리고 좋은 경영자를 찾아내어 키워 줄 수 있는 투자가가 되기로 마음먹는 계기가 되었지요.
만약 그때 워렌 버핏이 '가이코'에 찾아가지 않고, 학교에서 그레이엄 교수를 기다렸다면, 아마 직접 경영자를 만날 일은 없었을 거예요. 그랬다면 투자가가 되겠다는 결심도 나중 일이 되었을지 모르지요. 생각한 것을 행동으로 옮기는 힘은 우리의 미래를 아주 많이 바꾸어 놓을 수 있어요.
여러분도 마음먹은 일은 곧바로 실행할 수 있도록 노력해 보아요.

7 실전에 뛰어들다

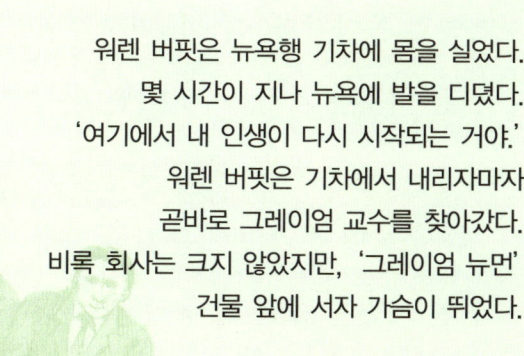

워렌 버핏은 뉴욕행 기차에 몸을 실었다.
몇 시간이 지나 뉴욕에 발을 디뎠다.
'여기에서 내 인생이 다시 시작되는 거야.'
워렌 버핏은 기차에서 내리자마자
곧바로 그레이엄 교수를 찾아갔다.
비록 회사는 크지 않았지만, '그레이엄 뉴먼'
건물 앞에 서자 가슴이 뛰었다.

"아, 고향이구나."

컬럼비아 대학교 경영 대학원을 졸업한 워렌 버핏은 그리운 고향 오마하로 돌아왔다. 꼭 이곳에서 하고 싶은 일이 있기 때문이었다.

워렌 버핏은 가장 먼저 어린 시절에 자주 다녔던 증권 회사에 들렀다.

"다시 보니 정말 반가운걸."

워렌 버핏은 증권 회사 안으로 들어갔다.

증권 회사 안에는 아는 사람이 없었다. 워렌 버핏은 오랫동안 오마하를 떠나 있었다. 증권 회사 안을 둘러보면서 빈자리에 앉았다. 자리에 앉자 그리움이 밀려왔다. 오래전에 동그란 눈동자를 굴리며 시세표를 바라보던 자신의 어린 시절이 떠올랐다.

워렌 버핏은 시세표를 쳐다보았다. 이제는 빠르게 변하는 그 숫자들이 무엇을 뜻하는지 다 알 수 있었다.

"역시 나는 이런 분위기가 좋아."

워렌 버핏은 한참을 증권 회사에 앉아 있다가 집으로 돌아왔다. 그리고 앞으로의 계획을 짜기 시작했다. 꿈을 이루기 위해서는 해야 할 일들이 많았다.

워렌 버핏은 경영자가 아니라 투자가가 되고 싶었다. 직접 회사를 경영하는 것보다 좋은 회사를 찾아내 키우는 일에 더 마음이 끌렸다. 그 꿈은 그레이엄 교수를 만나면서 더 뚜렷해졌다.

다음 날 워렌 버핏은 아버지를 찾아갔다.

국회의원 임기를 끝내고 고향에 돌아온 아버지는 증권 회사를 경영하고 있었다.

워렌 버핏은 아버지에게 말했다.

"아버지, 증권 회사에서 일을 하고 싶어요. 저를 써 주세요. 어떤 일이라도 잘 할 자신이 있어요."

"알겠다. 네 생각이 그렇다면 출근하거라."

아버지가 흔쾌히 승낙을 해 주었다.

드디어 증권 회사에 첫 출근을 하는 날, 워렌 버핏은 무척 가슴이 떨렸다.

"잘 하고 와요. 당신이라면 무엇이든지 잘 할 수 있어요."

"다녀올게."

아내의 배웅을 받으며 워렌 버핏은 집을 나섰다.

워렌 버핏은 회사에서 고객을 만나서 주식 투자를 돕는 일을 했다. 워렌 버핏이 출근하자마자, 아버지는 워렌 버핏을 불렀다.

"나는 네가 내 아들이라 그런 자리를 준 게 아니다. 네가 대학원을 나온 경제 전문가이기 때문이야. 나는 회사에서 너를 특별하게 취급할 생각이 없다. 그러니 너도 내게 기대는 일이 없도록 해라."

아버지의 말이 워렌 버핏의 의지를 더 굳게 만들었다. 워렌 버핏은 아버지에게 인정을 받는 남자가 되고 싶었다.

워렌 버핏은 자리를 배정받고 컴퓨터에 익숙해진 다음 본격적으로 일을 시작했다.

워렌 버핏은 우선 편안한 마음으로 고객을 마주하고 불안을 풀어 주어야 한다고 생각했다. 큰돈이든 작은

돈이든 돈을 맡기는 사람은 불안해한다는 것을 알고 있기 때문이었다. 그런 고객에게 믿음을 주는 것이 가장 먼저 해야 할 일이었다.

워렌 버핏은 주식을 이해하기 쉬운 말로 설명했다. 고객이 주식에 대해 모른다고 거만하게 굴지도 않았고, 아무것이나 추천하지도 않았다. 워렌 버핏은 자신이 투자할 가치가 있다고 생각하는 회사를 고객에게 권했다.

워렌 버핏이 강력하게 추천한 회사 가운데 한 곳은 '가이코'였다. 컬럼비아 대학교 경영 대학원을 다니던 시절에 '가이코'의 사장을 직접 만나 보았기 때문에 자신 있게 추천할 수 있었다.

" '가이코'는 훌륭한 회사입니다. 경영자가 살아 있으면 회사도 살아납니다. 경영자가 제대로 된 생각을 하면 회사도 바른길로 가지요. 제가 아는 '가이코'의 경영자는 확실한 미래가 있는 사람입니다. 저는 이 회사의 미래가 곧 고객님의 재산이 되어 돌아올 것이라고 믿습니다."

워렌 버핏이 설득을 하자 고객들은 마음이 움직였다.

"그렇게 자신 있게 말할 정도라면 믿을 수 있겠죠. 당신 같은 증권 전문가를 만나서 기뻐요. 꼭 '가이코'의 주식을 사 주세요."

고객들은 워렌 버핏을 철썩같이 믿고 돈을 내주었다.

워렌 버핏은 그 돈으로 '가이코'의 주식을 샀다. 그리고 얼마 지나지 않아 워렌 버핏의 선택은 고객에게 많은 이익을 가져다주었다.

그 모습을 지켜보면서 아버지는 매우 흡족했다. 워렌 버핏이 생각했던 것보다 훨씬 일을 잘했기 때문이었다.

머지않아 워렌 버핏은 유명해졌고, 고객들이 워렌 버핏을 찾아 창구 앞에 몰려들었다. 워렌 버핏은 바쁜 나날을 보냈지만, 시간이 지날수록 허전함을 느꼈다. 하루하루가 다람쥐 쳇바퀴처럼 돌아가는 듯했다. 워렌 버핏은 여전히 배우고 싶은 것이 많았다.

하지만 오마하는 워렌 버핏에게 너무나 작은 그릇이었다.

'나는 더 큰 세상을 원해. 좀 더 많은 것을 배우고 싶어. 어떻게 해야 하지?'

그러던 어느 날이었다. 워렌 버핏은 우연히 대학원 시절의 친구를 만나게 되었다.

"그 소식 들었어?"

친구의 말에 워렌 버핏이 고개를 갸우뚱거렸다.

"너는 그레이엄 교수님이랑 사이가 좋았으니까 알 줄 알았는데. 역시 너한테도 말을 안 한 거구나."

"무슨 일인데 그래?"

궁금한 워렌 버핏이 몇 번이나 친구에게 물었다. 그러자 친구가 대답했다.

"그레이엄 교수님이 투자 회사를 만들었대. 뉴욕에 있는 '그레이엄 뉴먼'이라는 회사라고 하더라고. 너는 알고 있을 줄 알았지."

친구의 말에 워렌 버핏은 머리를 한 방 얻어맞은 기분이었다. 그레이엄 교수가 회사를 세웠다는 이야기가 믿기지 않았다.

'진작에 그 사실을 알았다면 그레이엄 교수님에게 연락을 했을 거야. 그리고 그 회사에서 일을 했을 텐데……'

워렌 버핏은 당장이라도 고향을 떠나 그레이엄 교수를 찾아가고 싶었다. 하지만 워렌 버핏은 망설였다. 예전과 달리 한 가족의 가장이기 때문이었다. 고향에서는 안정되게 살았지만, 이곳을 떠나면 가족에게 어떤 일이 벌어질지 모를 일이었다. 자칫 잘못 생각했다가는 *생계가 곤란해질 수도 있었다.

워렌 버핏의 깊은 고민을 알아챘는지, 아내가 따뜻한 목소리로 말했다.

"당신은 시골에서 묻혀 살 사람이 아니에요. 당신이 어떤 결정을 내

---

* **생계** | 살림을 살아 나갈 방도 또는 현재 살림을 살아가고 있는 형편.

리든 나는 당신을 믿어요."

"고마워, 여보."

아내의 말에 워렌 버핏은 힘을 얻었다.

그레이엄 교수 밑에서 일을 배우는 것은 좋은 기회였다. *실전 투자를 몸에 익힐 수 있기 때문이었다. 그곳에서라면 자신을 시험해 볼 수 있을 것 같았다.

워렌 버핏은 결국 그레이엄 교수에게 편지를 보냈다. 왜 그레이엄 교수에게 일을 배우고 싶은지에 대해서 썼다. 그리고 월급은 받지 않아도 좋으니 밑에서 일을 배울 수 있게 해 달라고도 했다.

'새로운 도전을 하고 싶어. 뉴욕은 큰 도시니까 분명히 많은 것을 배울 수 있을 거야. 나는 좀 더 실력을 키우고 싶어!'

편지를 보내고 얼마 뒤에, 그레이엄 교수에게서 답장이 왔다.

자네만 한 인재는 없다고 생각하네. 만약 자네가 나를 도와준다면 아주 큰 힘이 될 거야. 내 쪽에서 먼저 부탁을 하지. 뉴욕으로 와 주지 않겠나?

— 벤저민 그레이엄

---

* **실전** | 진짜로 하는 싸움이나 그런 각오로 하는 일.

워렌 버핏은 기뻐서 껑충껑충 뛰었다. 곧바로 아버지에게 회사를 그만두겠다고 말했다. 그리고 '그레이엄 뉴먼'에 대한 이야기를 했다. 아버지는 서운했지만 워렌 버핏의 뜻을 꺾지 않았다.

"네 뜻이 그렇다면 가거라. 좀 더 넓은 세상에서 많은 것을 배워라. 더 성장한 네 모습을 기대하마."

워렌 버핏은 아버지의 허락을 받고, 가벼운 마음으로 그레이엄 교수에게 답장을 보냈다.

며칠이 지나고, 워렌 버핏은 뉴욕행 기차에 몸을 실었다. 몇 시간이 지나 뉴욕에 발을 디뎠다.

'여기에서 내 인생이 다시 시작되는 거야.'

워렌 버핏은 기차에서 내리자마자 곧바로 그레이엄 교수를 찾아갔다. 비록 회사는 크지 않았지만 '그레이엄 뉴먼' 건물 앞에 서자 가슴이 뛰었다.

워렌 버핏은 두근거리는 마음을 진정시켰다. 그리고 그레이엄 교수에게 연락을 했다.

"교수님, 도착했습니다."

"오, 그래. 기다리고 있었네."

그레이엄 교수는 워렌 버핏을 반갑게 맞아 주었다.

워렌 버핏은 그레이엄 교수와 마주 앉아서 이런저런 이야기를 나누었다. 이제까지 오마하에서 했던 일들, 그리고 지금부터 워렌 버핏이 진짜 하고 싶은 일에 대해서도 이야기를 나누었다.

워렌 버핏은 점점 자신이 바라는 꿈이 또렷이 그려지는 것 같았다.

"저는 투자 전문가가 되고 싶습니다."

"그래. 자네라면 충분히 될 수 있네. 나는 자네의 미래를 믿네. 그렇기 때문에 꼭 같이 일을 해 보고 싶은 거야. 잘 왔네. 이곳에서 자네의 꿈을 더 크게 키우게나."

"네. 노력하겠습니다."

워렌 버핏이 힘차게 대답했다.

뉴욕에 오자마자 워렌 버핏은 곧바로 '그레이엄 뉴먼'에서 일을 하게 되었다. 그레이엄 교수는 워렌 버핏을 가까운 곳에 두고 여러 가지를 가르쳐 주었다.

"자기 돈으로 투자를 하는 것은 좋은 일이야. 하지만 그전에 다른 사람의 돈으로 투자를 해야 하네."

"왜 그렇습니까?"

워렌 버핏의 질문에 그레이엄 교수는 웃으면서 대답했다.

"책임감을 느끼기 위해서지. 내 돈으로 투자를 하면 실패를 해도 그것으로 끝이야. 운이 없었다고 생각하면 그만이니까. 하지만 먼저 다른 사람의 돈으로 투자를 하면 책임감을 느끼지. 나를 믿고 돈을 내준 사람에게 피해를 주지 않아야 하기 때문이야. 그렇기 때문에 단돈 일 달러도 헛되게 쓰지 않게 돼. 무엇보다 그것을 먼저 배우게 나. 돈의 소중함, 투자의 신중함을 말이야. 그런 자세가 온전히 몸에 배어야 하네."

"네. 명심하겠습니다."

워렌 버핏은 그레이엄 교수의 말을 늘 마음속으로 되새겼다.

워렌 버핏이 회사에서 맡은 일은 먼저 좋은 투자 회사를 찾는 일이었다. 투자를 하기 좋은 회사는 시간이 흘러도 투자 가치가 있는 곳이어야 했다. 하지만 처음에는 워렌 버핏도 어떤 회사가 좋은지 쉽게 판단할 수 없었다.

"경제를 읽게. 경제가 어떻게 흘러가는지 잘 살펴보게. 그리고 가까운 미래에 성공할 사업 분야를 찾게. 그게 우리가 해야 할 일이야."

그레이엄 교수는 워렌 버핏에게 좋은 회사를 알아보는 방법을 알려 주었다. 워렌 버핏은 그레이엄 교수의 가르침대로 많은 경제 잡지를 읽었다. 경제의 흐름을 알기 위해서 평소에는 보지 않던 잡지와 수많은 경제인의 인터뷰도 빠짐없이 읽었다.

또한 뉴스와 주식 시장을 눈여겨보았다. 그러는 사이에 워렌 버핏이 자연스럽게 알게 된 사실이 있었다.

"복잡하게 얽혀 있는 것 같지만, 경제의 흐름은 매우 단순하구나."

앞을 향해 달리는 것이 바로 경제의 특징이었다.

그것을 깨달았으니 이제 미래를 읽는 것이 워렌 버핏이 해야 하는 일이었다.

워렌 버핏은 미국뿐만이 아니라 다른 나라 회사까지 눈을 돌렸다. 일은 어렵고 바빴지만 매우 즐거웠다. 워렌 버핏은 일이 재미있어서 자는 것도 잊어버릴 정도였다.

열심히 일을 하다 보니 어느새 워렌 버핏은 경제를 꿰뚫어 보는 눈을 갖게 되었다. 그레이엄 교수는 워렌 버핏이 성장하는 모습을 보며 자기 일처럼 무척 기뻐해 주었다.

워렌 버핏은 그레이엄 교수가 어떻게 투자를 하는지 유심히 살펴보았다. 필요한 것은 메모를 했다. '그레이엄 뉴먼'은 워렌 버핏에게 또 다른 학교였다. 워렌 버핏은 학생의 마음가짐으로 열심히 투자하는 법을 익혔다.

그리고 배운 것을 활용해서 작게나마 주식에 투자했다.

워렌 버핏이 투자를 한 회사는 평가는 낮았지만, 발전 가능성을 가진 회사였다. 워렌 버핏은 이러한 회사에 투자를 해서 조금씩 그 가치를 올려 갔다. 워렌 버핏이 선택한 회사들은 대부분 조금씩 커지고 있었다. 워렌 버핏은 매우 만족스러웠다. 이제야 진정한 투자 방법에 한 걸음 다가선 것 같았다.

   워렌 버핏은 게으름을 피우지 않고 열심히 일을 했다. 머리에는 소중한 경험이 차곡차곡 쌓여 갔다. 워렌 버핏은 점차 투자 전문가가 되어 가고 있었다.

시크릿
포인트
Secret Point 7

꿈을 위해 도전하라

지금보다 더 높은 점수나 기록, 어려운 일들을 목표로 삼아 힘을 쏟는 것을 '도전한다.'고 해요. 이 '도전'을 국어사전에서 찾아보면 '정면으로 맞서 싸움을 걺.'이라고 풀이가 나와 있어요. 뭔가에 도전하는 것은 그만큼 힘이 들고, 굳은 결심을 필요로 하지요. 대신 목표를 이루었을 때의 기쁨은 무엇보다 크지요. 하지만 그 기쁨을 맛보기 위해서는 힘든 도전을 꼭 해야만 하지요.

워렌 버핏은 고향 오마하에서 누구나 부러워할 만한 생활을 했어요. 행복한 가정이 있었고, 증권 회사는 고객이 끊이질 않았지요. 그대로 지낸다면 가족 모두가 편

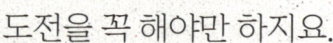

　안하게 살 수 있었을 거예요. 하지만 워렌 버핏은 그레이엄 교수와 함께 일하기 위해 뉴욕으로 떠날 결심을 했어요. 작은 고향 마을에서 편안하게 사는 것보다 고생을 하더라도 큰 도시에서 더 많은 것을 배우고 싶었기 때문이에요. 훌륭한 투자가가 되겠다는 자기의 꿈을 이루기 위해서 새로운 도전을 한 것이에요. 고향을 떠난 워렌 버핏은 그레이엄 교수의 회사에서 경제를 읽는 법과 좋은 회사를 찾는 법, 투자 감각을 배워 나갔어요. 미래를 위한 기초를 단단히 다져 놓은 셈이었어요. 그것은 고향에서는 절대 얻을 수 없는 경험이었지요.

　도전하는 사람만이 꿈을 이룰 수 있다는 사실을 잊지 마요. 그리고 여러분도 자신의 꿈을 위해 앞으로 나아가 도전해 보아요.

8 투자 회사를 만들다

"지금은 쓰러져 가는 회사지만, 나는 저 회사를 바꾸어 놓을 거야.
내 가능성을 시험해 보는 거지. 얼마나 잘 해낼 수 있는지 한번 지켜보라고!
만약 내가 성공해서 '버크셔 해서웨이'를 살려 내면 모두 나를 인정해 주겠지."

1956년에 워렌 버핏은 다시 오마하 땅을 밟았다. 워렌 버핏이 일을 하던 '그레이엄 뉴먼'이 해산했기 때문이었다. 여러 가지 사정으로 인해 스승인 그레이엄 교수와 헤어질 수밖에 없었다.

이때 워렌 버핏은 십사만 달러를 가지고 있었다. 모두 주식에 투자해서 벌어들인 돈이었다.

"이제 여기에서 본격적으로 시작하는 거야."

회사가 없어졌지만 워렌 버핏은 기죽지 않았다. 오히려 새로운 기회로 받아들였다. 지금이야말로 진짜 투자를 시작할 때라고 생각했다.

워렌 버핏은 자신의 집으로 향했다. 뉴욕에서 일을 하면서 모은 돈으로 집을 한 채 사 두었다.

워렌 버핏은 며칠 동안 쉬면서 여러 가지 생각을 했다.

워렌 버핏은 사람은 꿈을 가지면 그것을 반드시 이루어야 한다고 굳게 믿었다.

'그레이엄 교수님의 뒤를 이어서 *펀드를 해야지. 나는 투자 전문가가 될 거야.'

워렌 버핏은 가지고 있는 돈으로도 충분히 투자를 할 수 있었지만, 투자자를 모으기로 했다.

"자기 돈으로 하는 투자와 다른 사람의 돈으로 하는 투자는 아주 많이 다르다네. 다른 사람의 돈으로 투자를 하면 책임감을 느끼기 때문이지. 그 책임감이 자신을 더욱 크게 만들어 준다네."

워렌 버핏은 예전에 그레이엄 교수가 해 준 말을 마음속 깊이 간직하고 있었다.

워렌 버핏은 자신의 굳은 결심을 가족과 친척, 그리고 친구들에게 말했다.

"이곳 오마하에서 펀드를 *운용하고 싶어요. 여러분이 저를 믿고

---

* **펀드** | 여러 사람들의 자금을 모아 그 돈을 주식 등에 투자해서 얻은 수익을 나누어 주는 것.
* **운용** | 무엇을 움직이게 하거나 부리어 씀.

많이 도와주세요."

사람들의 대답은 금방 돌아왔다.

"그래, 네 능력을 우리에게 보여 주렴."

누나가 먼저 투자금을 내주었다.

"워렌, 너를 믿어. 그리고 네가 원하는 목표에 한 걸음 더 다가갈 수 있었으면 좋겠어."

"누나, 정말 고마워!"

"그럼 우리도 워렌을 믿어 볼까? 우리가 믿어 주지 않으면 누가 워렌을 믿겠어?"

이모와 장인 어른을 비롯해 여러 친척들이 워렌 버핏을 믿고 투자를 했다.

"여러분을 절대 실망시키지 않겠어요. 고마워요."

워렌 버핏은 모아들인 돈으로 투자 회사를 만들었다.

투자자는 모두 일곱 명이고, *자본금은 십만오천 달러였다. 워렌 버핏은 백 달러를 투자했다.

투자 조합이 손해를 보게 되면 워렌 버핏은 모든 것을 책임지는 무

---

* **자본금** | 이익을 목적으로 사업에 들인 돈.

한 책임 동료였다. 다른 사람들은 해마다 *배당금으로 육 퍼센트씩을 받기로 했다. 그리고 유한 책임 동료는 일부만 책임을 지면 되었다. 워렌 버핏은 자신이 모든 책임을 지는 대신 배당금을 지불하고 남는 수익의 이십오 퍼센트를 갖겠다고 했다. 다들 그 조건에 만족했고, 워렌 버핏에게 모든 것을 맡겼다.

워렌 버핏은 투자자를 점점 늘려 갔다.

뉴욕에서 그레이엄 교수와 함께 펀드를 운용해 본 경험이 큰 도움이 되었다.

"그럼 나도 이 회사에 돈을 맡겨 보겠어."

찾아오는 투자자들이 많아지자, 워렌 버핏은 쉴 새 없이 바빴다.

"이만큼 내 실력을 인정해 주는구나. 이렇게 기쁠 수가!"

워렌 버핏은 가슴이 벅찼다.

하지만 마냥 좋아할 일은 아니었다. 투자자가 많아지고 금액이 커질수록 워렌 버핏이 느끼는 책임감도 커졌기 때문이다. 워렌 버핏은 반드시 이익을 내야 했다. 실패를 하면 워렌 버핏은 사람들에게 믿음을 잃고 마는 것이었다.

---

* **배당금** | 일정한 기준에 따라 나누어 주는 돈.

"나를 믿고 많은 사람들이 투자를 해 주었어. 투자자들을 실망시키지 않도록 최선을 다해야지."

워렌 버핏은 약한 생각이 들 때마다 이렇게 중얼거렸다. 그리고 더욱 힘을 내서 일을 했다.

그런 워렌 버핏을 한결같이 응원해 준 것은 아내였다.

"당신이 어떻게 되든 나는 항상 당신 편이에요. 힘들 때 나와 가족들이 당신의 힘이 되어 줄게요."

아내는 늘 워렌 버핏을 배려해 주었다. 그런 아내의 믿음은 워렌 버핏에게 큰 힘이 되었다.

워렌 버핏은 회사가 어느 정도 커지자 다른 회사들과 협력 관계를 유지했다. 이것을 바탕으로 다른 회사와 함께 투자를 하기도 했다. 자본금이 늘어나는 만큼 더욱 크게 투자를 할 수 있었다.

그러면서도 워렌 버핏은 자신이 번 돈을 재투자하는 것을 잊지 않았다.

워렌 버핏은 저평가 주식과 *차익 거래를 노렸다.

저평가 주식이란 장부의 가격보다 싼 주식이었다. 그것을 구입해서 차액을 받고 되파는 것이 바로 저평가 주식에 투자해 수익을 내는 방법이었다.

그리고 차익 거래도 그와 비슷한 사업이었다.

하지만 1969년이 되자, 더 이상 저평가 주식을 찾을 수 없었다. 마땅히 투자할 만한 저평가 주식이 없자, 워렌 버핏은 생각했다.

'이제 슬슬 투자하는 방법을 바꿔야겠군.'

---

* **차익 거래** | 같은 상품이 시장에 따라 가격이 다를 때, 가격이 싼 시장에서 상품을 사서 비싼 시장에 되팔아 이익을 내는 것.

워렌 버핏은 점차적으로 다른 회사들과 맺어 온 협력 관계를 정리했다.

워렌 버핏은 오마하에 돌아온 후 1957년부터 투자 회사를 했다. 그리고 십삼 년 동안 한 번도 손해를 보지 않았다.

다른 회사들이 손해를 볼 때도 워렌 버핏의 회사는 삼십 퍼센트나 수익을 내기도 했다.

이것은 워렌 버핏이기 때문에 가능한 일이었다.

"워렌 버핏은 정말 굉장해!"

"투자할 회사들의 미래를 다 알고 있는 것 같아."

주위에서는 다들 혀를 내두르며 칭찬을 했다.

워렌 버핏은 다른 회사와 협력 관계를 정리하면서 투자자들에게 물었다.

"이제까지 투자한 돈을 현금으로 받을지, 아니면 회사 주식으로 받을지 결정해 주세요."

몇몇 사람들은 현금을 원했고, 나머지는 주식을 원했다. 워렌 버핏은 사람들이 원하는 대로 투자금과 수익을 돌려주었다. 이제 새로운 사업을 시작할 때였다.

워렌 버핏도 투자 회사의 일을 하면서 벌어들인 돈이 있었다. 워렌 버핏은 그 돈을 어떻게 할지 고민을 했다.

"어쩔 수 없이 다른 회사들과 협력 관계를 정리했지만 나는 이 일을 계속하고 싶어."

워렌 버핏은 그렇게 생각을 했다. 그리고 그때까지 모은 이천오백만 달러를 주식으로 바꿨다.

워렌 버핏이 손에 넣은 것은 '버크셔 해서웨이'의 주식이었다. '버크셔 해서웨이'는 망해 가는 섬유 회사로 전형적인 저평가 주식을 가지고 있었다.

"지금은 쓰러져 가는 회사지만, 나는 저 회사를 바꾸어 놓을 거야. 내 가능성을 시험해 보는 거지. 얼마나 잘 해낼 수 있는지 한번 지켜보라고! 만약 내가 성공해서 '버크셔 해서웨이'를 살려 내면 모두 나를 인정해 주겠지."

워렌 버핏은 자신의 재산을 털어서 '버크셔 해서웨이'의 주식을 사는데 썼다.

워렌 버핏은 '버크셔 해서웨이'의 경영자가 되었다. 워렌 버핏은 '버크셔 해서웨이'를 활용해서 투자를 하기로 결심했다. 그러려면 바쁘게 움직여야 했다.

워렌 버핏은 가장 먼저 평범한 섬유 회사였던 '버크셔 해서웨이'를 투자 회사로 탈바꿈시켰다.

"일단 보험 회사를 *인수하도록 합시다. 이 회사를 살리기 위해서는 이제까지 해 온 사업을 버리는 게 좋아요. 그리고 새로운 사업을 시작하는 겁니다."

워렌 버핏은 가장 먼저 보험 회사를 인수했다. 그리고 인수한 보험 회사의 돈으로 투자를 시작했다.

워렌 버핏은 두 가지 이유 때문에 보험 회사를 선택했다.

"보험 회사는 회사가 가지고 있는 돈 때문에 세금을 내지 않습니다. 다시 말하면 세금 때문에 투자금을 다른 곳으로 돌려 둘 필요가 없다는 것이죠. 그리고 보험 회사는 무엇보다 돈의 흐름이 빠릅니다. 지금은 상황이 좋지 않지만, 이 두 가지를 잘 활용한다면 충분히 성공할 수 있습니다."

당시 미국의 보험 회사는 세금을 면제받는 몇 안 되는 업종 가운데 하나였다. 워렌 버핏은 바로 이 점을 이용했다.

워렌 버핏은 예전처럼 저평가 주식에 투자를 했다. 그리고 나머지는 차익 거래를 통해서 수익을 올렸다.

---

* **인수** | 권리나 물건 들을 건네받음.

하지만 예전과는 그 방법이 분명히 달랐다. 예전에는 장부에 올라 있는 가치보다 가격이 낮은 주식에 투자를 했다. 그리고 주가가 오르면 차액을 받고 되파는 형식이었다.

하지만 지금은 달랐다. 좋은 기업의 주식을 적당한 가격에 사는 것이 워렌 버핏의 새로운 투자 방침이었다. 좋은 기업의 주식은 굳이 싸게 사서 비싸게 되팔지 않아도 되었다. 제값을 주고 산 좋은 주식을 오랫동안 가지고 있으면 기업의 가치가 올라감에 따라 주가도 오르기 마련이었다.

워렌 버핏은 튼튼한 기업의 주식을 사서 오랜 시간 가지고 있는 것이 현명하다고 판단했다. 이렇게 생각을 바꾼 까닭은 찰스 멍거를 만났기 때문이었다.

멍거는 오마하에서 살아온 사람으로 예전에 워렌 버핏의 할아버지 가게에서 일을 했었지만 한 번도 서로 만난 적은 없었다.

두 사람이 처음 만난 것은 워렌 버핏이 뉴욕에 있을 때였다. 어느 날 멍거가 '그레이엄 뉴먼'에 찾아왔다.

"안녕하세요? 워렌 버핏입니다."

워렌 버핏이 인사를 하자 멍거는 가만히 생각을 하더니 말했다.

"워렌 버핏이라고? 오마하에 있는 버핏 식료품점이라고 알아?"

"저희 할아버지가 하시는 곳이에요. 그곳을 아세요?"

워렌 버핏이 대답을 했다. 멍거는 기뻐하면서 그곳에서 일을 한 적이 있다고 말했다.

"그래. 주식에 무척 관심이 많은 손자가 있다고 하더니 그게 자네였군. 이야기는 들었지만 만나는 것은 처음이지? 잘 부탁하네."

워렌 버핏은 멍거의 일을 도와주게 되었다. 고향이 같은 그들은 곧 친해졌다.

법대를 나온 멍거는 머리가 좋았다. 워렌 버핏은 그런 멍거를 믿고 따랐다. 워렌 버핏보다 나이가 많은 멍거는 든든한 형이자 동료였다.

하지만 주식에 관해서는 워렌 버핏이 멍거보다 훨씬 많이 알았다. 그래서 멍거는 늘 워렌 버핏에게 주식에 대해 물어보곤 했다.

"내가 다른 것으로는 자네를 다 이길 수 있는데 말이지. 주식으로는 도저히 못 이기겠어."

하지만 워렌 버핏 역시 멍거에게 배울 것이 많았다.

멍거는 매사를 차분하게 판단했다. 워렌 버핏은 그런 멍거의 장점을 배워 나갔다.

나중에 오마하로 돌아온 워렌 버핏은 멍거와 함께 일을 하기로 마음먹었다. 워렌 버핏이 '버크셔 해서웨이'의 회장이 되었을 때였다.

"나는 모자란 것이 아주 많아요. 그래서 나를 지탱해 주고 도와줄 사람이 필요합니다. 그런 사람으로 당신이 좋겠다고 생각해요. 나와 함께 일을 해 보지 않겠어요?"

워렌 버핏의 말에 멍거는 웃으면서 대답했다.

"나야 좋지. 자네처럼 *수완이 좋은 사람은 본 적이 없거든. 그래, 우리 같이 해 보세. 분명히 우리 둘이 힘을 합치면 좋은 결과를 낼 수 있을 거야."

멍거는 흔쾌히 승낙을 했다. 둘은 동료가 되어 함께 일을 했다.

멍거의 신중한 판단력은 워렌 버핏에게 많은 도움을 주었다. 그래서 워렌 버핏은 예전보다 발전된 방식으로 투자를 할 수 있었다.

워렌 버핏과 멍거는 보험 회사의 자금으로 본격적인 투자를 시작했

---

* **수완** | 일을 꾸미거나 치러 나가는 재간.

다. 두 사람이 함께 고른 주식은 실패하는 일이 없었다.

그리고 그 사실은 점점 많은 사람들에게 알려졌다.

사람들은 워렌 버핏과 멍거를 믿고 보험 회사에 돈을 맡겼다.

그렇게 해서 '버크셔 해서웨이'는 예전과 크게 달라졌다. 아무도 예전의 '버크셔 해서웨이'를 떠올릴 수 없었다. 다 쓰러져 가는 섬유 회사가 투자 회사로 거듭난 것이었다. 그것도 한 주당 엄청난 가격을 자랑하는 *굴지의 투자 회사가 되었다.

'버크셔 해서웨이'와 함께 전문 투자가로서 워렌 버핏의 이름이 사람들에게 알려지기 시작했다.

---

* **굴지** | 수많은 가운데서 손가락을 꼽아 셀 만큼 아주 뛰어남.

좋은 동료를 만나라

'백지장도 맞들면 낫다.'는 속담이 꼭 물건에만 해당하는 것은 아니에요. 어려운 문제도 여러 사람이 고민하면 쉽게 풀 수 있고, 서로 생각을 모으면 혼자일 때보다 좋은 결과를 이끌어 낼 수 있지요. 남이 잘 모르는 것을 내가 알 때도 있고, 내가 모르는 것을 다른 사람이 잘 알고 있을 때도 있으니까요. 사람은 이렇게 서로 부족한 부분을 채워 가면서 살아가요.

워렌 버핏은 그레이엄 교수와 함께 일하던 시절에 멍거를 처음 만났어요. 두 사람은 나이도 다르고 대학에서 공부한 것도 달랐지만, 같이 일을 하면서 친해졌어요. 멍거는 머리

　가 좋고, 신중했기 때문에 워렌 버핏은 그런 장점을 닮고자 했어요. 그리고 나중에 '버크셔 해서웨이'를 사서 본격적으로 투자를 시작할 때 멍거에게 일을 도와 달라고 부탁하지요. 그렇게 두 사람은 함께 사업을 시작했어요. 경제의 흐름을 읽을 줄 아는 워렌 버핏과 판단력이 뛰어난 멍거가 함께 고른 주식은 항상 큰 수익을 냈어요. 그렇게 두 사람은 다 쓰러져 가는 섬유 회사였던 '버크셔 해서웨이'를 유명한 투자 회사로 키워 냈지요. 만약 워렌 버핏이 모든 것을 혼자 맡아서 했다면, 결과는 조금 달랐을지도 몰라요.
　이처럼 사람은 스스로 실력을 키우는 것도 중요하지만, 같은 목표를 향해 함께 나아갈 수 있는 좋은 동료를 만나는 것도 무척 중요하지요.

9 살아 있는 전설이 되다

증권 시장의 한바탕 소란이 잠잠해지고 나자, '버크셔 해서웨이'는 더욱 튼튼한 회사가 되어 있었다. 워렌 버핏은 자신의 판단에 자신감을 가졌다. 그렇다고 해서 함부로 자만하지는 않았다. 워렌 버핏은 모든 상황을 살펴본 후에 신중하게 결정을 내렸다. 하지만 자신이 예측한 미래가 모두 맞을 것이라는 생각은 하지 않았다.

1972년의 일이었다.

갑작스럽게 주식 시장에 사람들이 몰려들었다. 한 경제지에서 좋은 재테크 방법이라고 주식을 소개했기 때문이었다.

"주식을 사자. 좋은 주식을 사면 큰돈을 벌 수 있어."

사람들은 모두 그렇게 이야기를 하면서 주식을 샀다. 심지어 학생들까지 주식 시장에 뛰어들었다.

"이런 현상은 좋지 않은데 말이야."

워렌 버핏은 갑자기 주식 시장에 사람들이 몰리는 것을 많이 걱정했다. 자신이 어렸을 때 주식을 무턱대고 팔았다가 낭패를 본 일이 떠올랐다.

하지만 아무도 그 말에 귀를 기울이지 않았다. 주식은 눈 깜짝할 사이에 오르고 내리기를 반복했다.

워렌 버핏은 투자를 잠시 멈추었다.

"회장님, 어째서 주식 투자를 하지 않으십니까? 이렇게 시장에 사람들이 몰릴 때야말로 큰 수익을 낼 수 있는 때가 아닌가요?"

직원이 워렌 버핏에게 조심스럽게 물었다. 하지만 워렌 버핏은 확신에 찬 듯이 말했다.

"지금 주식 투자는 우리에게는 아무런 이득이 되지 않습니다."

"다른 회사들은 그렇게 생각하지 않던걸요."

"지금 이 상황은 욕심이 많은 남자가 무인도에 있는 것과 같아요. 아무리 욕심을 부려 봐야 우리가 얻을 수 있는 건 아무것도 없습니다. 일단 상황을 지켜봅시다."

다른 회사들과 달리 '버크셔 해서웨이'는 투자에서 손을 떼 버렸다.

과연 일 년이 지나자 갑자기 주가가 엄청나게 떨어지기 시작하였다. 한창 주가가 오를 때 샀던 사람들은 혼란에 빠졌다. 주식을 샀던 가격은커녕 그 반 가격도 못 받게 되었기 때문이었다. *경제 대공황

---

* **경제 대공황** | 1929년부터 1939년까지 미국과 유럽을 중심으로 전 세계적으로 계속된 경기 침체.

이후 최대의 *폭락이었다. 주식 시장에 엄청나게 싼 값의 주식이 터져 나왔다.

"지금 시장에 나온 주식들을 사들이도록 해."

워렌 버핏은 직원들에게 발 빠르게 지시를 내렸다.

워렌 버핏의 말을 듣고 직원들은 의아해했다.

"다른 회사들은 지금 잔뜩 몸을 웅크리고 있는데 주식을 사다니. 회장님이 제정신이야?"

---

* **폭락** | 물건의 값이나 주가 따위가 갑자기 큰 폭으로 떨어짐.

"하지만 나는 회장님을 믿어 볼래. 만약 우리가 작년에 주식을 샀다면 지금 엄청난 손해를 봤을 거야. 회장님의 판단이 맞았잖아? 나는 이번에도 회장님이 옳을 거라고 생각해. 회장님은 우리 같은 사람들이 생각하지 못하는 것을 보는 분이니까."

직원들은 조금 망설였지만 곧 워렌 버핏의 판단을 존중했다.

'무인도에 있던 욕심 많은 남자가 드디어 보물 창고를 만났군. 바로 지금이 욕심을 채워야 하는 때야.'

워렌 버핏은 자신의 판단이 옳다고 생각했다.

워렌 버핏은 본격적으로 투자에 나서 여러 주식을 사들였다. 그 가운데 하나가 신문사로 유명한 '워싱턴 포스트'였다. '워싱턴 포스트'는 역사가 오래된 회사였다. 워렌 버핏은 오랜 시간 이어져 온 '워싱턴 포스트'의 주식을 높게 평가했다.

'버크셔 해서웨이'는 '워싱턴 포스트'의 최대 *주주가 되었다.

투자를 하기에 앞서 워렌 버핏은 먼저 회사의 장래성과 경영자를 살펴보았다. 아무리 주가가 떨어졌어도 뛰어난 경영자가 있다면 주가는 언젠가 다시 오를 수 있기 때문이었다.

---

* **주주** | 주식을 가진 사람. 최대 주주는 회사에서 주식을 가장 많이 가진 사람을 뜻함.

"이 주가 폭락은 언젠가 끝이 나. 그리고 좋은 회사는 그대로 살아남게 마련이지. 이 상황을 잘 헤쳐 나갈 수 있는 건 훌륭한 경영자뿐이야. 그러니까 나는 좋은 경영자가 있는 곳에 투자를 할 거야."

워렌 버핏은 '워싱턴 포스트' 말고도 '시즈 캔디', '오길비 앤 매더', '캐피털 시티즈', '가이코' 들에 투자했다.

워렌 버핏의 생각은 맞아떨어졌다. 워렌 버핏이 투자를 한 회사들은 곧 주가가 정상으로 돌아왔다.

주가가 원래대로 돌아오자 싼값에 주식을 판 사람들은 분해했지만, 버핏은 만족스러운 미소를 지었다.

"과연, 우리 회장님이야. 사람들이 모두 위기라고 생각한 것을 기회로 받아들이다니. 우리 같은 보통 사람은 상상도 못할 일이야."

"그러니까 우리 회사를 이만큼 키운 게 아니겠어?"

"회장님 밑에서 일하는 게 너무 자랑스러워."

직원들은 모두 워렌 버핏의 판단에 감탄했다.

증권 시장의 한바탕 소란이 잠잠해지고 나자, '버크셔 해서웨이'는 더욱 튼튼한 회사가 되어 있었다.

워렌 버핏은 자신의 판단에 자신감을 가졌다. 그렇다고 해서 함부로 자만하지는 않았다. 워렌 버핏은 모든 상황을 살펴본 후에 신중하게 결정을 내렸다. 하지만 자신이 예측한 미래가 모두 맞을 것이라는 생각은 하지 않았다.

예측은 어디까지나 예측이기 때문이었다.

또 워렌 버핏은 자신의 능력이 특별하다고 생각하지 않았다. 다만 좋아하는 일을 하고 있다고 생각했다. 워렌 버핏은 일이 힘들 때면 증권 회사를 들락거리던 어린 시절을 떠올렸다. 주식을 처음 샀을 때의 두근거림도 되돌아보았다.

1980년 중반에 순탄하던 주식 시장에 다시 한 번 큰 폭풍이 불었다. 갑자기 주식 시장이 달아올랐던 것이었다.

사람들은 돈을 벌기 위해 주식으로 눈을 돌렸다. 주식 시장은 사람들의 관심을 불러일으켰다. 예전에 주식 투자로 큰돈을 번 사람들이 하나 둘씩 나타나기 시작했다.

"잘못하면 손해를 볼 수도 있지만, 그래도 주식만큼 순식간에 돈을 벌 수 있는 게 어디 있어? 게다가 복권과 달리 어느 정도 예측이 가능하지."

"그럼 나도 주식을 조금만 사 볼까? 조금 사서 시작하는 것은 괜찮겠지."

사람들이 점점 주식 시장으로 몰렸다.

이 때문에 주식 시장에 불어온 투자 열풍은 쉽게 가라앉을 생각을 하지 않았다.

워렌 버핏은 다시 한 번 예전과 같은 일이 벌어질 것이라는 예감이 들었다.

"하지만 그때만큼 심각하지는 않을 테니 일단 보유하고 있는 주식을 줄이도록 해야겠군. *우량주를 제외하고는 되도록이면 파는 게 좋겠어. 다들 주식을 사는 분위기니까 판다고 손해를 보는 일은 없을 거야."

워렌 버핏은 이렇게 판단을 했다. 그리고 사람들이 모두 사들이고 있을 때 오히려 주식을 내놓았다.

워렌 버핏이 내놓은 주식은 순식간에 좋은 가격으로 팔려 나갔다.

워렌 버핏은 '가이코', '워싱턴 포스트'와 같이 안정이 보장된 우량주만 남기고 나머지 모든 주식을 팔도록 했다. 주가가 한참 오르고 있을 때 내다 판 것이었다.

워렌 버핏이 주식을 정리하고 얼마 지나지 않아 대부분 주가가 큰 폭으로 뚝 떨어졌다. 주식 시장은 한바탕 난리를 겪었다.

---

* **우량주** | 높은 수익을 낼 수 있는 좋은 회사의 주식.

하지만 워렌 버핏의 빠른 판단 덕분에 '버크셔 해서웨이'는 큰 손해를 보지 않았다.

주식을 팔아 버린 워렌 버핏은 해가 바뀌자, 새로운 투자처를 알아보았다.

"머지않아 '코카콜라'는 미국을 대표하는 세계적인 상표가 될 거야. 미국인들이 콜라에 맛을 들이고 외국에도 수출하기 시작하면, 많은

돈을 버는 회사로 거듭나겠지. 그러니까 '코카콜라'의 주식을 많이 사 두는 게 좋겠군."

워렌 버핏은 '코카콜라'의 주식을 한꺼번에 많이 사들였다.

보통 주식을 투자하는 사람들은 여러 회사의 주식을 골고루 샀다. 한 회사의 주식만 사면, 주가가 떨어질 경우 한번에 큰 손해를 보기 때문이었다.

하지만 워렌 버핏은 달랐다. 정확한 판단으로 가치가 충분하다고 생각하는 회사에 집중적으로 투자를 했다.

워렌 버핏의 투자법을 보는 사람들의 시선은 그리 곱지 않았다.

"저러다 투자한 회사가 망하기라도 하면 손해가 엄청날 텐데. 너무 자만하고 있는 거 아니야? 나중에 큰코다칠 거야."

워렌 버핏은 주위에서 수군거린다는 것을 알고 있었다. 하지만 한 번 결정한 것을 꺾지는 않았다.

'지금은 내가 하는 것이 옳지 않다고 말할지도 몰라. 하지만 두고 보라고. 나중에 웃는 사람은 반드시 내가 될 테니까. 나는 이것이야 말로 현명한 투자라고 생각해.'

워렌 버핏은 1994년까지 '코카콜라'의 주식을 계속해서 사들였다.

'코카콜라'는 워렌 버핏이 투자를 시작하고 얼마 지나지 않아서 점점 주가가 올라갔고, 이제는 전 세계인이 가장 잘 알고 있는 탄산 음료의 이름이 되었다.

1988년부터 1994년까지 육 년 동안 '버크셔 해서웨이'가 '코카콜라' 주식에 쏟아 부은 돈은 모두 십억 달러였다. 그것이 지금은 팔십억 달러가 넘는 가치를 지닌 주식이 되었다.

워렌 버핏은 또다시 새로운 투자처를 알아보았다. 1994년 이후 '질레트'와 '연방주택저당금고', '아메리칸 익스프레스', '월스 파고' 같은 유명한 회사의 주식도 많이 사들였다.

이 모든 투자는 워렌 버핏의 신중한 판단으로 이루어진 것이었다. 그리고 머지않아 그 판단이 딱 들어맞았다는 것이 증명되었다.

하지만 워렌 버핏은 여기서 멈추지 않았다.

"우리는 미국뿐만 아니라 전 세계를 뒤흔들 수 있는 투자 회사가 될 거야. '버크셔 해서웨이'의 투자는 지금부터지. 반드시 내가 그렇게 만들고 말겠어."

워렌 버핏은 그 꿈을 위해서 먼저 '가이코'의 주식을 전부 사들여서 '버크셔 해서웨이'의 *자회사로 만들었다. 회사의 몸통을 키우기 위

---

* **자회사** | 어느 회사가 다른 회사 주식의 절반 이상을 가지고 있을 때, 더 많은 주식을 가진 쪽이 모회사, 그 반대쪽을 자회사라고 함.

한 첫걸음이었다.

워렌 버핏에게도 투자하지 않는 분야가 있었다. 워렌 버핏은 1990년대 후반에는 주식 시장에 특별한 투자를 하지 않았다.

한번은 회사의 직원이 말했다.

"회장님! 요즘은 *아이티 산업이 뜨고 있는데요."

"아이티 산업? 아, 그거 말이야?"

워렌 버핏은 적당히 맞장구를 쳤다.

"우리 회사도 슬슬 아이티 산업에 손을 대 보는 게 어떨까요? 아무래도 컴퓨터 쪽이니까 미래가 있어 보이고요."

워렌 버핏은 가치 투자를 위해서 미래를 예측할 수 있는 사람이 되라고 늘 말해 왔다.

하지만 워렌 버핏은 잠시 생각을 하다가 고개를 가로저었다.

"지금 주가가 크게 올라 있지?"

"네. 앞으로도 충분히 유망한 사업이죠."

"앞으로 잘 될 전망이 있어도 나는 아이티 산업에는 투자하지 않을 생각이네."

---

* **아이티(IT)** | 인포메이션 테크놀러지(Information Technology)의 약자로 컴퓨터, 인터넷 등 여러 가지 정보 기술을 뜻하는 말.

워렌 버핏이 딱 잘라서 말을 하자 직원이 놀라서 왜 그러냐고 되물었다. 그러자 워렌 버핏은 멋쩍은 듯이 웃으면서 대답했다.

"나는 아이티 산업은 잘 모르거든. 내가 잘 모르는 분야는 투자하고 싶지 않아. 확실한 자신감이 생기지 않기 때문이지. 좋은 제안을 해 주었는데 미안하게 되었네."

2000년대에 들어서자, 워렌 버핏은 주식을 사는 대신에 기업을 인수하는 것으로 투자의 방향을 바꾸었다. 이미 주식은 워렌 버핏 말고

도 투자를 하는 사람이 많았기 때문이었다. 워렌 버핏은 주식에 투자하고 가만히 앉아 있는 것보다는 기업을 가치 있게 만드는 데에 힘을 쏟기로 했다.

'이제 세상은 미국을 중심으로 돌지 않아. 저마다 나라를 중심으로 돌고 있어. 그러니 우리는 미국 안에서만 머물러서는 안 돼. 이제 '버크셔 해서웨이'는 해외에서도 알아주는 세계적인 회사가 되어야 해.'

워렌 버핏은 외국 기업을 인수하기 시작했다.

가깝게는 남아메리카와 캐나다, 유럽 그리고 멀게는 한국까지 눈을 돌렸다. 워렌 버핏은 세계의 여러 나라에서 충분히 가능성이 있는 회사들을 찾아냈다. 그리고 그 회사들에 투자를 해서 탄탄한 기업으로 길러 냈다.

한편으로는 우량 기업들을 인수해서 자회사로 두고 '버크셔 해서웨이'를 세계적인 투자 회사로 만들었다.

주식을 투기라고 생각하는 사람들에게 워렌 버핏은 진정한 투자가 무엇인지를 몸소 실천하고 행동으로 보여 주었다.

워렌 버핏은 예전에 『현명한 투자자』라는 책을 감명 깊게 읽었다. 그리고 현명한 투자법을 계속 연구해 왔다.

'조금은 현명한 투자자에 가까워진 것 같아.'

워렌 버핏은 이대로 좀 더 자기 자신을 다듬어서 앞으로 나아가야겠다고 다짐했다.

해마다 오마하에서 열리는 '버크셔 해서웨이'의 *주주 총회에 전 세계의 투자자들이 모여들었다. 발 디딜 틈 없이 모인 사람들의 목적은 단 하나뿐이었다. 주식 시장에서 '투자의 *귀재'라고 불리는 워렌 버핏의 단 한 마디를 듣기 위해서였다.

어느새 워렌 버핏은 세계적인 '투자의 살아 있는 전설'이 된 것이었다.

---

* **주주 총회** | 주식회사나 합자 회사의 주주들이 모여 회사에 대한 의사를 결정하는 최고 기관.
* **귀재** | 보기 드물게 아주 뛰어난 재능.

시크릿 포인트 9
Secret Point

남을 따라 하지 말고

현명한 판단을 하라

운동장에 친구들이 다 모여서, 참인지 거짓인지 가려내는 문제를 푼다고 상상해 봐요. 어느 쪽이 맞는지 알 수 없을 때 여러분은 어떻게 하나요? 다른 친구들의 답은 보지 않고 어떻게든 혼자서 결정을 내리나요? 아니면 참과 거짓 가운데서 친구들이 많이 선택한 쪽을 따라가나요? 보통은 많은 사람들이 고른 것이 정답일 것이라고 생각하지만, 그렇지 않은 문제도 많이 있어요. 그럼 어떻게 정답을 고르는 것이 좋을까요?

1972년, 사람들이 갑자기 주식에 관심을 가지기 시작했어요. 그래서 주가도 크게 올랐지요. 다들 지금이 좋은 기회라고 하면서 주식을 사들였어요. 하지만 워렌 버핏의 생각은 달랐어요. 주위에서 걱정을 해도 꿈쩍하지 않고, 아예 주식에서 손을 떼었어요. 일 년이 지나자 워렌 버핏의 예상대로 주가는 떨어지기 시작했고, 한창 오를 때 주식을 산 사람들은 크게 손해를 보았어요. 그리고 그제야 워렌 버핏은 남들이 싸게 내놓은 주식을 사들였어요. 남들과는 정반대로 투자를 한 거예요. 결과는 어떻게 되었을까요? 워렌 버핏의 뛰어나고 현명한 판단 덕분에 '버크셔 해서웨이'는 주식 시장의 혼란 속에서 살아남아 전보다 더 튼튼한 회사로 자리를 잡았지요. 여러분도 살다 보면 더 많은 선택을 해야 하고, 그때마다 고민에 빠지기 쉬워요. 그럴 때 워렌 버핏처럼 무조건 남을 따라 하지 말고 상황을 정확하게 판단할 수 있도록 노력해 보아요.

10 돈을 가치 있게 쓰는 법

"나는 물려받은 유산보다 능력을 가지고 성공할 수 있는 사회가 바른 사회라고
생각합니다. 그리고 나는 그런 사회를 만들기 위해서 노력하고 싶습니다.
그것이 내가 가진 돈을 가치 있게 쓰는 방법이라고 믿기 때문입니다."

투자의 살아 있는 전설, 오마하의 *현인, 세상에서 가장 뛰어난 투자가, 엄청난 부자로 불리는 워렌 버핏에 관한 이야기들을 들을 때마다 *빌 게이츠는 생각했다.

'이러니저러니 이야기를 해도 결국 주식 투기를 해서 돈을 번 것 아니야? 돈이 돈을 낳은 것이라고. 제대로 일을 해서 돈을 벌지 않은 사람은 질색이야.'

빌 게이츠는 평범한 집안에서 태어나, 스스로의 힘으로 성공을 했다. 그래서 열심히 일을 하지 않고, 가진 돈으로 재산을 불린 사람을

---

* **현인** | 어질고 총명하여 성인에 다음가는 사람.
* **빌 게이츠** | 세계적인 소프트웨어 회사 '마이크로소프트'를 만들었음.

좋아하지 않았다.

빌 게이츠는 워렌 버핏도 틀림없이 돈 많은 집안에서 태어나 쉽게 재산을 불렸을 것이라고 생각했다. 그래서 빌 게이츠는 워렌 버핏을 별로 좋아하지 않았다.

그러던 어느 날, 빌 게이츠는 한 모임에서 워렌 버핏을 만나게 되었다. 먼저 나온 빌 게이츠는 워렌 버핏을 기다렸다.

"워렌 버핏이 온다고? 어쨌든 그 잘난 얼굴은 한번 봐 주겠어. 대체 어떤 사람인지 말이야."

빌 게이츠가 중얼거리고 있을 때, 갑자기 주위가 소란스러워졌다. 빌 게이츠는 무슨 일인지 옆에 있던 사람에게 물어보았다.

"워렌 버핏 회장이 왔다고 하는 것 같아요."

그 이야기를 들은 빌 게이츠는 재빨리 입구를 쳐다보았다. 분명 이름 있는 옷으로 몸을 감고, 거만한 표정을 한 사람일 것이라고 생각했다. 하지만 막상 워렌 버핏이 그 자리에 들어섰을 때 빌 게이츠는 깜짝 놀라고 말았다.

동네 이발소에서 깎은 것 같은 머리를 한 수수한 남자가 그곳에 있었다. 옷차림도 눈에 띄는 구석이 없었다. 누더기는 아니었지만 좋은 상표로도 보이지 않는 양복 차림이었다. 워렌 버핏은 어떤 장신구도 하고 있지 않았다.

　워렌 버핏은 길거리에서 흔하게 볼 수 있는 회사원으로 보였다. 하지만 사람들은 환호했고, 워렌 버핏은 그 누구보다 당당하게 사람들의 인사를 받았다. 이름 있는 옷으로 몸을 감고 화려한 장식물을 한 사람들보다 훨씬 빛나 보였다.

　'저렇게 평범한 사람이 워렌 버핏이라고?'

　빌 게이츠가 본 워렌 버핏의 첫인상은 어디서나 흔히 볼 수 있는 중년 남자였다.

　"자네가 빌 게이츠인가? 반갑네. 워렌 버핏이라고 하네. 한 번쯤 자네를 만나 보고 싶었어."

　워렌 버핏이 먼저 빌 게이츠에게 인사를 건넸다. 워렌 버핏은 빌 게이츠와 마주 앉아 이야기를 시작했다.

　"내가 자네를 만나면 꼭 한 번 물어보고 싶은 게 있었네. 그건 바로 '*아이비엠'에 관한 이야기네. 자네

---

* **아이비엠(IBM)** | 세계 컴퓨터 시장의 오십 퍼센트를 차지하고 있는 미국의 컴퓨터, 정보 기기 제조 회사.

회사는 세계적으로 인정받고 있지 않나. 하지만 '아이비엠'은 아주 맹렬하게 '마이크로소프트'를 쫓아가고 있어. 그것에 대해서 어떻게 생각을 하나?"

빌 게이츠는 예상치 못한 질문에 순간 당황했다. 그도 그럴 것이 아이티 산업은 전혀 모른다고 알려진 워렌 버핏의 입에서 나온 말이기 때문이었다.

하지만 워렌 버핏은 거기서 멈추지 않고 다시 물었다.

"나는 '마이크로소프트'의 사장인 자네에게 묻고 싶었네. '아이비엠'보다 계속 앞서 나가기 위해서 어떤 계획을 가지고 있는지 말이야."

"회장님은 아이티 산업에는 전혀 관심이 없다고 들었는데요. 왜 그런 질문을 하시죠?"

빌 게이츠는 워렌 버핏에게 되물었다.

"그게 말일세. 내가 비록 아이티 산업에 대해서는 자세히 모르지만 계속 신경이 쓰였단 말이야. 어떤 일이나 마찬가지로 일단 우위를 차지하고 나면 그것을 어떻게 지켜 갈지가 가장 큰 문제가 아닌가. 그래서 '마이크로소프트'의 최고 경영자인 자네의 이야기를 듣고 싶었다네."

빌 게이츠는 당황스러우면서도 기뻤다. 왜냐하면 그것은 당시 빌 게이츠에게 가장 골치 아픈 고민거리였기 때문이었다. 그래서 빌 게이츠는 누군가와 진지하게 이야기를 나누고 싶었다. 워렌 버핏이라면 함께 좋은 답을 찾아낼 수 있을 것 같았다.

빌 게이츠는 워렌 버핏과 그 문제에 대한 생각을 나누기 시작했다. 이 모임이 계기가 되어 빌 게이츠와 워렌 버핏은 둘도 없는 친구가 되었다.

워렌 버핏은 평생 동안 투자를 하여 엄청나게 많은 재산을 모았다. 워렌 버핏은 그 돈으로 하고 싶은 것이라면 무엇이든 할 수 있었다. 하지만 워렌 버핏은 그런 것에 전혀 신경을 쓰지 않았다. 워렌 버핏은 자기에게 돈이 많다는 사실도 잊고 지내는 듯했다.

워렌 버핏은 투자와 관련된 것을 빼면 사람들 입에 오르내리는 일은 하지 않았다. 고향 오마하를 떠나지 않고 '버크셔 해서웨이'의 경영에만 힘을 쏟았다.

그러던 어느 날, 워렌 버핏은 세계가 놀랄 만한 발표를 했다.

"나는 내 재산 가운데 팔십오 퍼센트를 사회에 *기부하겠습니다.

---

* **기부** | 자선 사업이나 공공 사업을 돕기 위하여 돈이나 물건 따위를 대가 없이 내놓음.

가족들도 모두 내 뜻에 찬성을 해 주었습니다. 나는 내 재산이 보다 나은 사회를 만드는 데 쓰이기를 원합니다."

워렌 버핏의 이 말에 전 세계 사람들이 모두 놀랐다. 몇몇 부자들이 재산의 일부를 사회에 되돌리는 일은 종종 있었다. 하지만 이렇게 큰 돈을 내놓은 것은 처음이었다. 사람들은 그런 워렌 버핏의 마음을 알고 싶어 했다.

모든 언론에서 워렌 버핏에게 취재를 요청했다. 하지만 워렌 버핏은 거절했다.

"마치 내가 대단한 일을 한 것처럼 소란을 피우는데 나는 별다른 일을 하지 않았습니다. 그저 예전부터 생각한 일을 한 것뿐입니다. 그렇기 때문에 취재에 응할 생각이 없습니다."

시간이 지나 사람들의 관심이 잦아들 무렵, 워렌 버핏은 한 기자와 인터뷰를 했다.

"이제 올 시간이지?"

기자는 회사 앞에서 워렌 버핏을 기다렸다. 아직 워렌 버핏이 밖에서 돌아오지 않았기 때문이었다. 한참을 기다리는데 어디선가 무척 낡은 중고차 한 대가 회사 앞에 멈추어 섰다.

'정말 낡은 차를 타고 다니네. 저런 차가 아직도 움직일 수 있다는

게 신기하군.'

마음속으로 중얼거리던 기자는 차에서 내리는 사람을 보고 깜짝 놀랐다. 그 사람이 바로 워렌 버핏이었기 때문이었다.

"아, 자네가 취재를 나온 기자인가? 미안하네. 일이 조금 생겨서. 사무실에서 기다리지 그랬나. 자, 안으로 들어가세."

워렌 버핏은 낡은 차에서 내린 것을 전혀 창피해하지 않고 기자와 함께 사무실로 들어갔다.

기자는 질문을 시작하였다.

"실례지만, 지금 차는 얼마나 타셨습니까?"

"글쎄? 한 십 년 가까이 탔을 걸세."

"차를 바꾸실 생각은 없으십니까?"

기자의 말을 들은 워렌 버핏은 크게 웃었다.

"자네는 나한테 차를 팔러 왔나? 왜 갑자기 그런 이야기를 꺼내는 거지?"

"차가 많이 낡은 것 같아 여쭈어 봤습니다. 그럼 댁은 어디신지요?"

"고향 오마하에 있는 작은 집일세. 방은 다섯 개쯤 되지. 거의 삼십 년 전에 산 집이지."

워렌 버핏의 대답은 기자를 더욱 당황하게 만들었다. 워렌 버핏에 대한 이야기는 많이 들었지만 이렇게까지 검소한 사람일 줄은 생각도 하지 못했기 때문이었다.

"이번에 재산을 사회에 되돌리신다고 하셨는데요, 어떤 마음으로 그런 생각을 하셨는지요?"

"아주 간단한 이유라네. 나는 내 자식들에게 많은 재산을 물려줄 생각이 없어. 평생 아무 일도 하지 않아도 될 만큼 많은 유산을 남기는 것은 자식들을 망치는 짓이야. 되도록이면 혜택을 받지 못한 사람들에게 뭔가를 해 주고 싶네. 그것이 내가 번 돈을 가치 있게 쓰는 방법이라고 생각하네. 돈은 버는 것보다 잘 쓰는 게 더 어려운 법이니까."

"그 많은 재산이 손을 떠나는데 아깝지 않으십니까?"

기자의 질문에 오히려 워렌 버핏은 이상하다는 표정을 지으며 되물었다.

"왜, 아까워해야 하지? 그건 모두 사회에서 벌어들인 돈이야. 사회가 없었다면 지금의 내 재산도 있을 수 없는 것 아닌가. 그리고 나는 아버지에게 재산을 물려받아서 여기까지 온 것이 아니야. 나는 그것을 자랑스럽게 생각하네. 내 자식들도 그렇게 되기를 바라네. 부자는 대물림이 되어서는 안 되네."

"혹시 가족들이 반대하지는 않았는지요?"

기자가 조심스럽게 물었다. 아무리 돈을 가치 있게 쓰는 방법이라도 자신들이 받을 재산이 공중에서 사라지는데 쉽게 찬성할 사람은 없다고 생각했기 때문이었다.

"내 자식들은 미국 아이들의 구십구 퍼센트보다 훨씬 큰 혜택을 받고 자랐네. 그것을 자신들도 잘 알고 있지. 나는 아이들이 어려서부터 재산을 물려주지 않고 사회에 돌려줄 것이라고 이야기를 했네. 지금에 와서 그것을 세상에 발표한 것뿐, 아이들은 예전부터 알고 있는 일이야. 나는 내 자식들을 유산이나 바라는 바보로 키울 생각은 없어."

딱 잘라 말하는 워렌 버핏의 태도에 기자는 더 이상 물어볼 것이 없었다.

　워렌 버핏은 계속해서 말을 이었다.

"나는 특별한 능력을 가지고 있는 사람이 아니라네. 그저 좋은 상황을 만나 투자를 잘한 것뿐이야. 이를테면 운이 좋은 사람이지. 그런데 이것 아는가? 나는 이제까지 많은 투자를 해 왔고 그만큼 돈을 벌었네. 요즘은 돈을 기부할 곳을 알아보고 있지. 그런데 참 재미있는 것은 돈을 책임 있는 곳에 기부하는 것이 돈을 많이 버는 것보다 어렵다는 걸세."

워렌 버핏이 부드럽게 미소를 지었다. 그 말에 기자는 아무 말도 하지 못했다.

워렌 버핏은 예전부터 기부에 관심이 많았다. 그래서 아내와 함께 '수전 톰슨 버핏 재단'을 만들었다. 사람들은 워렌 버핏이 당연히 그곳에 재산을 기부할 것이라고 생각했다. 하지만 워렌 버핏은 빌 게이츠가 설립한 '빌 앤 맬린다 게이츠 재단'에 돈을 맡겼다.

"빌 게이츠가 운영하는 재단은 규모도 크고 수완도 있으니 분명 이 돈을 가치 있게 쓸 것이라고 생각하네."

워렌 버핏은 그곳에 돈을 맡긴 이유에 대해 시원스럽게 설명했다. 뛰어난 경영 능력을 가지고 성공적으로 자선 활동을 하는 빌 게이츠에 대한 믿음이 있기 때문이었다.

컴퓨터의 황제인 빌 게이츠와 투자의 귀재인 워렌 버핏의 우정은 이십오 년의 나이 차를 뛰어넘어 이어지고 있다.

많은 돈을 기부했지만 워렌 버핏의 생활은 별로 달라진 것이 없다. 워낙 검소한 생활을 해 왔기 때문이었다. 워렌 버핏은 사업을 시작하기 전에 산 집에서 계속 생활을 했고, 오래된 중고차를 자기 손으로 운전하며 시장을 보고 음식을 해 먹었다. 워렌 버핏이 가장 좋아하는 음식은 이십 달러가 넘지 않는 스테이크였고, 십이 달러를 주고 이발소에서 머리를 깎았다. 어디로 보나 워렌 버핏은 다른 부자들과는 다르게 생활을 했다.

하지만 워렌 버핏은 자신의 삶이 매우 만족스러웠다. 워렌 버핏은 '부가 부를 부른다.'라는 말을 가장 싫어했다.

"내 자식들은 내가 앉아 있는 자리를 물려받지 않을 것입니다. 돈은 사람을 교만하게 만듭니다. 나는 내 자식들이 그런 사람이 되지 않기를 바랍니다. 나는 대물림되는 부자는 필요 없다고 믿습니다. 그것을 내 자식들도 알고 있습니다. 내 돈이 없어도 내 자식들은 모두 잘 살고 있으며 자신들을 행운아라고 생각합니다."

워렌 버핏은 당당하게 말했다.

워렌 버핏은 자녀 셋을 두었다. 자녀들은 워렌 버핏이 재산을 사회에 기부하겠다고 했을 때 적극적으로 워렌 버핏을 지지했다.

"우리는 아버지가 내린 결정이 옳다고 생각합니다. 어려서부터 아버지는 우리에게 다른 아이들보다 많은 용돈을 주지 않았습니다.

우리는 평범한 가정에서 자랐고, 평범하게 학교를 다녔습니다. 그리고 평범하게 결혼을 했습니다. 돈은 하나도 아쉽지 않습니다. 우리는 아버지한테 재산을 물려받지 않아도 충분히 행복하게 살고 있습니다."

워렌 버핏은 자식들에게 유산의 일부를 나누어 주겠다고 했다. 하지만 그 돈은 결코 개인적으로 쓰라는 돈이 아니었다. 사회 복지 재단에 지원을 하라는 돈이었고, 자녀들은 그런 워렌 버핏의 뜻을 받아들이기로 했다.

워렌 버핏은 재산을 사회에 내놓겠다고 발표하는 자리에서 말했다.

"누군가가 출발점부터 다른 사람보다 앞서 있다면 그것은 불공평한 일입니다. 나는 물려받은 유산보다 능력을 가지고 성공할 수 있는 사회가 바른 사회라고 생각합니다. 그리고 나는 그런 사회를 만들기 위해서 노력하고 싶습니다. 그것이 내가 가진 돈을 가치 있게 쓰는 방법이라고 믿기 때문입니다. 이 돈으로 육십억 명의 사람들이 행복해질 수 있다면 나는 이렇게 사회에 내놓는 것이 옳다고 생각합니다."

그리고 워렌 버핏은 마지막으로 덧붙였다.

"나는 지금 기분이 무척 좋습니다."

진심이 담긴 워렌 버핏의 이 한 마디는 많은 사람들에게 감동을 주었다.

이 세상에는 존경을 받는 부자가 몇 명 있다.

'부자로 죽는 것처럼 부끄러운 일은 없다.'고 말했던 철강 왕 카네기, 전 재산을 사회에 되돌리면서 '자선 사업가'라 불리기를 좋아했던 록펠러, *은퇴 후 불쌍한 사람을 돕는 일에 앞장서겠다는 빌 게이츠가 바로 그들이다.

이제 존경을 받는 부자가 또 한 명 생겨났다. 재산 대부분을 가치 있는 일에 쓰고 싶다며 자선 사업에 선뜻 내놓은 워렌 버핏이다.

투자의 살아 있는 전설, 워렌 버핏은 사람들에게 존경을 받는 아름다운 기부가로 오래도록 기억될 것이다.

---

* **은퇴** | 하던 일에서 물러나거나 사회 활동에서 손을 떼고 한가히 지냄.

시크릿
포인트
10
Secret Point

사회를 위해 가치 있게
★ 돈을 써라

텔레비전이나 신문을 보면 돈이 많은 사람들이 아주 많아요. 부모님에게 유산을 물려받아 부자가 된 사람도 있고, 스스로 돈을 벌어서 억만장자가 된 사람도 있어요. 또 복권에 당첨되어 눈 깜짝할 사이에 부자가 된 사람도 있지요. 만약 여러분이 부자라면 어떻게 돈을 쓰고 싶은가요?

워렌 버핏은 평생 동안 투자를 해서 큰돈을 벌었어요. 미국에서 첫 번째로 돈이 많은 사람이기도 했지요. 사람들은 보통 돈이 많으면 사치스러울 것이라고 생각하지만 워렌 버핏은 평생을 검소하게 살았어요. 오래된 집에 살면서 중고차를 타고 다녔고, 아이들에게도 특별히 용돈을 많이 주지 않았어요. 그리고 나중에는 재산의 대부분을 사회에 기부했어요. 번 돈을 사회에 도로 내놓는 것이야말로 돈을 가장 가치 있게 쓰는 법이고, 부모의 유산을 물려받아서가 아니라 스스로 노력해서 성공하는 사회가 바른 사회라고 생각했기 때문이에요. 그렇게 워렌 버핏은 뛰어난 투자가이자 아름다운 기부가로 사람들의 기억 속에 남게 되었어요.

부자라고 해서 무조건 사회에 돈을 내놓아야 하는 것은 아니에요. 가지고 있는 재산을 어떻게 쓰느냐는 자신이 판단할 문제니까요. 하지만 그 돈이 어디에서 왔는지, 어떻게 쓰는 것이 가장 옳은지는 한번쯤 곰곰이 생각해 봐야겠지요.

거장들의 시크릿 01
워렌 버핏 – 현명한 판단과 치밀한 계획으로 꿈을 향해 나아가라

펴낸날	초판 1쇄 2008년 9월 30일
	초판 11쇄 2021년 10월 22일

지은이	고수유
그린이	전미영
펴낸이	심만수
펴낸곳	(주)살림출판사
출판등록	1989년 11월 1일 제9-210호

주소	경기도 파주시 광인사길 30
전화	031-955-1350 팩스 031-624-1356
홈페이지	http://www.sallimbooks.com
이메일	book@sallimbooks.com

ISBN	978-89-522-0827-9 74080
	978-89-522-1784-4 74080(세트)

살림어린이는 (주)살림출판사의 어린이 브랜드입니다.

※ 값은 뒤표지에 있습니다.
※ 잘못 만들어진 책은 구입하신 서점에서 바꾸어 드립니다.

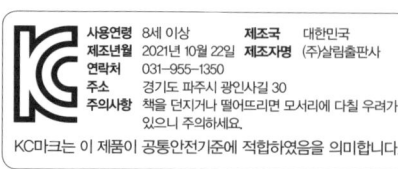